金融数据分析

Financial Data Analysis

主　编 ◎ 郑兴燕　刘全宝　全桂华

参　编 ◎ 宋建松　甄文静　张媛媛　高莹莹

华中科技大学出版社

http://press.hust.edu.cn

中国·武汉

内 容 简 介

"金融数据分析"是一门跨学科的课程,本书融金融应用场景、数理统计以及 Excel、Python 等计算机应用于一体,以项目为载体,整合跨学科知识,开展理实一体化教学。本书旨在帮助学生掌握核心概念,深入理解基础理论,并通过设计以金融业务场景为基础的实训任务,巩固学生的知识与技能。同时,本书也包含了素质拓展的内容,旨在提升学生的综合素质水平。具体项目内容包括:项目一金融大数据认知,介绍大数据概念、大数据思维以及大数据在金融领域的应用场景;项目二利用 Excel 工具进行数据采集、处理、统计分析、可视化等,运用 Excel 工具开展金融数据分析领域的应用实训;项目三运用 Python 编程语言进行金融数据分析实训;项目四至项目七基于金融场景的综合运用解决商业数据分析、数据化金融风控、数据化金融营销、金融量化投资等金融领域问题,进行深度实操。本书既适用于大中专院校金融相关专业的教学,也可供金融从业人员以及对金融数据分析感兴趣的读者参考借鉴。

图书在版编目(CIP)数据

金融数据分析 / 郑兴燕,刘全宝,全桂华主编 . —武汉:华中科技大学出版社,2024.2
ISBN 978-7-5772-0559-5

Ⅰ.①金⋯　Ⅱ.①郑⋯②刘⋯③全⋯　Ⅲ.①金融—数据处理　Ⅳ.① F830.41

中国国家版本馆 CIP 数据核字(2024)第 045424 号

金融数据分析
Jinrong Shuju Fenxi

郑兴燕　刘全宝　全桂华　主编

策划编辑:彭中军
责任编辑:段亚萍
封面设计:孢　子
责任监印:朱　玢
出版发行:华中科技大学出版社(中国·武汉)　　电话:(027)81321913
　　　　　武汉市东湖新技术开发区华工科技园　　邮编:430223
录　　排:武汉创易图文工作室
印　　刷:武汉科源印刷设计有限公司
开　　本:787 mm×1092 mm　1/16
印　　张:11
字　　数:261 千字
版　　次:2024 年 2 月第 1 版第 1 次印刷
定　　价:69.00 元

前言

党的二十大报告明确提出了"加快发展数字经济,促进数字经济和实体经济深度融合,打造具有国际竞争力的数字产业集群"这一重要发展方向。数字经济再度成为备受关注的关键词。数字技术的迅猛发展,为金融领域的数字化转型注入了强大动力。如何充分发挥"金融＋科技"的合力,助力实体行业顺利跨越数字经济时代的深水区,实现经济高质量发展,成为社会广泛关注的焦点议题。

在大数据时代,数据成为决策最为重要的参考之一,金融数据分析是金融专业学生应掌握的核心技能之一。本书以应用为导向,将实际岗位需求融入典型任务中,通过模拟金融科技应用的业务场景进行数据分析实训,旨在提升学生对金融数据分析应用技能的熟悉程度,并深化他们对金融科技岗位的了解。

本书的项目二、项目三、项目七使用了开源工具 Excel 和 Python 进行实训,提供了详细的操作步骤、编程代码及注释,通俗易懂,让学生能够依照个人学习进度逐步提升数据分析的操作技能。项目四、项目五、项目六涉及金融企业客户数据分析、信用卡反欺诈、信贷风险控制以及金融产品营销等实训场景,需要运用金融企业内部的数据进行分析,为了使读者清晰地理解金融企业进行数据分析的工作流程,本书在这部分的任务中引入了金融大数据营销以及金融大数据风控模拟实训平台的实训场景进行展示,所使用的用户数据均为经过脱敏处理的数据。通过项目化的学习方式,学生能够将数据分析应用于证券分析、商业数据分析、信贷业务、金融营销、金融风控、量化投资等金融业务场景,提升学生的岗位适应能力。

本书由广西职业技术学院与北京知链科技有限公司共同完成,由郑兴燕、刘全宝、全桂华担任主编,具体编写分工如下:项目一、项目二、项目三、项目七由郑兴燕编写,项目四由张媛媛、郑兴燕、高莹莹编写,项目五由张媛媛、宋建松编写,项目六由张媛媛、甄文静编写。全书由郑兴燕统稿。本教材的素质拓展部分由全桂华、郑兴燕共同完成。

本书在编写过程中参考了大量的文献资料,借鉴了很多专家、学者的研究成果,在此向各位专家、学者表示诚挚的谢意! 由于编者水平有限,特别是本书的内容涉及多学科交叉,难免有不足和疏漏之处,恳请广大读者批评指正、不吝赐教。联系方式:10508932@qq.com。

本书是广西职业教育教学改革研究课题"金融科技背景下高职金融专业'岗课赛证融通'的课程建设研究与实践"(课题编号:GXGZJG2022B136)的研究成果。

编 者

二〇二三年十月

目 录

项目一
金融大数据认知

任务 1　认识大数据

【核心概念】

1. 大数据：指的是规模庞大、复杂度高且难以通过传统方式进行捕捉、管理和处理的数据集合。

2. 大数据的"5V"特征：数据量大(volume)、数据速度快(velocity)、数据多样性(variety)、数据准确性(veracity)、数据价值(value)。

3. 数字经济：指的是利用数字技术(包括互联网、移动通信、大数据、人工智能等)来产生、分配和利用经济价值的经济活动和体系。

【学习目标】

1. 能够说出大数据的概念及其"5V"特征。

2. 能够描述大数据发展的现状。

3. 能够通过具体的案例说明大数据技术在行业应用中的作用。

4. 能够识别大数据常见的误区。

【基本知识】

一、大数据发展的前世今生

1. 大数据发展的历史沿革

早期数据处理：在计算机诞生初期，数据量相对较小，主要集中在科研、政府和大型企业中。数据处理以批处理方式为主，采用主机和存储系统进行管理。

关系型数据库兴起：20 世纪 60 年代至 80 年代，关系型数据库的出现极大地推动了数据管理和处理的发展。SQL(structured query language)成为标准查询语言，这一时期代表技术为 IBM DB2、Oracle 等。

企业资源计划(ERP)系统：20 世纪 90 年代，企业开始采用 ERP 系统来集成各个部门的数据，实现企业信息的全面管理。

2. 大数据发展的现状

(1)大数据概念的提出：随着互联网的发展，2000 年后，数据开始以指数级增长，传统的数据处理方式已经无法满足需求。2005 年，谷歌的 MapReduce 和后来的 Hadoop 开源项目，为大数据处理奠定了基础。

(2)分布式计算框架的兴起：随着 Hadoop 的崭露头角，分布式计算框架成为处理大规模数据的重要工具，例如 Hive、Pig 等工具的出现使得非专业人员也能参与到大数据处理中。

(3)实时数据处理技术:随着互联网的发展,人们对实时性的要求越来越高,流处理技术的发展成为大数据处理的一个重要方向,例如 Apache Storm、Apache Flink 等。

(4)大数据生态系统的建立:Hadoop 生态系统逐渐完善,包括 Hive、Spark、HBase 等组件,为大数据处理提供了丰富的工具和框架。

(5)云计算和大数据的结合:云计算服务商提供了高效、灵活的大数据处理平台,使得企业能够更加灵活地进行数据处理和分析。

(6)人工智能与大数据融合:机器学习和深度学习等人工智能技术与大数据相结合,推动了智能化应用的发展。

3. 大数据发展的未来

(1)AI 驱动的数据分析:人工智能的发展,将进一步推动数据分析向着智能化、自动化方向发展。

(2)边缘计算与大数据:边缘计算将成为一个重要的发展方向,使得数据可以在接近产生源头的地方进行实时处理和分析。

(3)数据隐私和安全:随着对数据隐私和安全的关注增加,数据保护和合规性将成为更加重要的议题。

(4)量子计算和大数据:随着量子计算技术的发展,它可能为大数据分析提供更强大的计算能力。

总的来说,大数据发展经历了从初创阶段到商业化应用,再到与新兴技术的融合,未来将会朝着更加智能化、实时化和安全化的方向发展。同时,随着技术的不断进步,我们也可以期待更多新的技术和应用场景在大数据领域得到发展和实现。

二、大数据的定义

大数据是指规模庞大、种类繁多且难以通过传统方式进行捕捉、管理和处理的数据集合。

1. 随着科技的发展,大数据领域近年来出现了一些新的趋势和技术,包括新的数据规模、新处理模式、新企业智能的发展

(1)新量级。

Zettabyte 级别数据:随着互联网的普及以及物联网、传感器技术的发展,数据量已经从 Petabyte 级别迈向了 Exabyte 级别,甚至将迈向 Zettabyte 级别(每年超过百万亿 GB)。

边缘计算和边缘数据:随着边缘计算技术的发展,大量数据将在产生源头进行处理,减少了数据传输的成本和延迟,成为一个新的数据规模。

(2)新处理模式。

实时数据处理:实时处理已经成为大数据处理的一个重要方向,企业需要快速响应来自实时数据流的信息,以便做出即时决策。

流式计算和批处理的融合:新的处理模式将流式计算和批处理相结合,使得企业可

以在不同场景下进行灵活的数据处理。

图数据处理：随着社交网络、推荐系统等场景的发展，图数据库和图处理技术成为处理复杂关系的重要工具。

（3）新企业智能。

人工智能和机器学习：大数据为人工智能和机器学习提供了丰富的训练数据，使得企业可以利用算法和模型从数据中提取模式和洞见。

自动化和智能决策：基于大数据分析的自动化决策系统将在企业中得到更广泛的应用，从而提高了决策的速度和准确度。

预测性分析：利用大数据和先进的分析技术，企业可以进行更精准的预测，从而优化业务流程和提升效率。

个性化服务和营销：通过对大数据的分析，企业可以更精确地了解客户需求，提供个性化的产品和服务，从而提升客户满意度和忠诚度。

这些新的趋势和技术使得企业在面对日益增长的数据挑战时，能够更灵活地处理和分析数据，从而获得更多的商业价值。同时，通过结合人工智能和大数据技术，企业可以实现更智能、高效的运营模式。

2. 人们从信息的被动接收者变成了主动创造者

随着信息技术的飞速发展和互联网的普及，人们的信息获取和传递方式发生了显著变化。过去，人们主要是信息的被动接收者，依赖于传统媒体（如电视、报纸、杂志等）来获取信息。然而，随着互联网和社交媒体的兴起，人们逐渐成为信息的主动创造者和分享者。以下是这种转变的一些重要方面：

（1）社交媒体平台的崛起：平台如微信、Facebook、Twitter 等成为人们分享生活、观点和见解的主要渠道。个人可以通过发布文本、图片、视频等内容来表达自己的观点。

（2）个人博客和视频分享：个人博客、抖音等平台使得个人可以建立自己的在线存在，分享自己的知识、经验、技能等，吸引大量的关注者。

（3）在线评论和评价：人们可以在购物网站、餐厅评价平台等地方分享自己的购物和消费经验，对产品和服务进行评价，从而影响其他人的购买决策。

（4）开源社区和协作平台：开源项目和协作平台如 GitHub、GitLab 等，使得程序员和开发者可以共同参与项目的开发，共享自己的代码和解决方案。

（5）公共论坛和社群：各种在线论坛、社群和社交平台成为讨论特定话题、分享兴趣爱好的场所，人们可以积极参与讨论和互动。

（6）自媒体和影响力营销：一些个人成为媒体的创作者，通过自己的粉丝和受众群体，传播自己的观点、产品或服务。

这种从信息的被动接收者到主动创造者的转变，使得个人拥有了更大的表达空间和影响力，同时也加强了信息的多样性和可访问性。然而，也需要注意在信息传递和接收的过程中，保持信息的准确性和可信度。

3. 数据结构日趋复杂

大数据时代的数据源非常丰富，包括结构化数据（如关系型数据库）、半结构化数据（如

JSON、XML)和非结构化数据(如文本、图像、视频),以下是一些常见的数据类型和领域(见图 1-1):

电脑模型(computer models):包括各种仿真模型、数值模拟等,在气象学、工程学、物理学等领域中应用广泛。

医学影像(medical imaging):包括 X 射线、MRI、CT 扫描等医学图像数据,用于诊断和治疗。

音乐视频(audio & video):包括音频、视频文件,也包括音乐流、视频流等。

视频图形(video & graphics):与计算机图形学相关,包括视频游戏、电影特效等领域。

地震勘探(seismic exploration):用于勘探地下地质结构的数据,涉及地震波的传播和反射。

基因测序(genetic sequencing):DNA、RNA 等生物信息学领域的数据,用于研究基因组结构和功能。

文本图片(text & image):包括各种 PDF 格式的文档,可能包含文本、图像等信息。

卫星图像(satellite imagery):用于遥感和地理信息系统(GIS)领域,可以用于气象、环境、城市规划等。

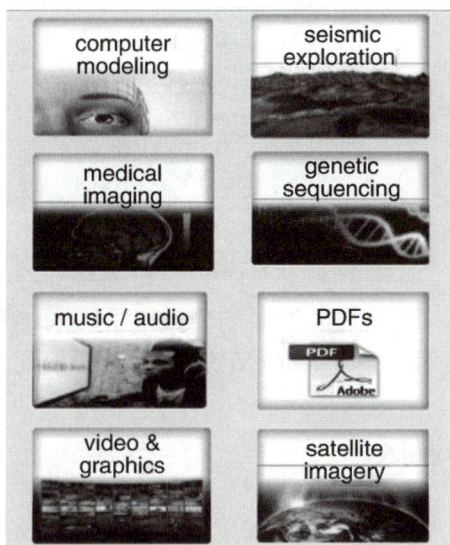

图 1-1　日趋复杂的数据结构

为了处理这样复杂的数据结构,大数据领域涌现了许多新的技术和工具以及相应的数据处理算法和模型。同时,也需要在数据采集、清洗、存储、分析等环节采用相应的策略和方法来应对数据结构的复杂性。

三、大数据的"5V"特征

大数据的"5V"特征如图 1-2 所示。

(1)数据量大(volume):大数据通常以 TB、PB 甚至 EB 为单位。它们远远超出了个人电脑或单个服务器的处理能力。

(2)数据速度快(velocity):数据以惊人的速度产生、传输和处理。例如,社交媒体上的实时消息、交易记录等。

(3)数据多样性(variety):数据可以是结构化的(如数据库中的表格)、半结构化的(如JSON、XML)或非结构化的(如文本、图像、视频)。大数据可能包括各种类型的数据来源。

(4)数据准确性(veracity):由于数据来源的多样性,数据的准确性和可信度可能具有挑战性,因此确保数据的准确性是一个重要的问题。

(5)数据价值(value):从数据中提取出有用的信息和洞见,以便做出有意义的决策或发现新的商业机会。

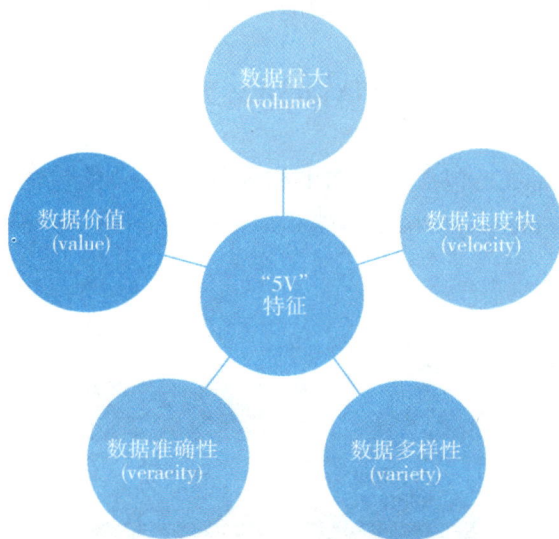

图1-2 大数据的"5V"特征

大数据技术和方法可以帮助我们处理和分析规模庞大、多样化的数据集,从而获取全新的洞见和决策依据,这对于企业、科学研究、社会分析等而言具有重要的价值。

四、对大数据认识的误区

认识大数据时常存在一些误区,下面列举了一些常见的误区:

(1)大数据就是数据量大。一些人错误地认为大数据就是指数据量庞大,而忽视了数据的质量。并非所有数据都对分析有用,有时候过多的数据反而会让分析变得复杂和困难,而且质量不佳的数据会影响分析的结果。

(2)大数据等同于高级技术。大数据分析并不仅仅依赖于高级技术,也需要专业的分析方法和业务理解,技术是支持,但不是全部。

(3)大数据只适用于大企业。大数据不再局限于大型企业,中小企业也可以通过利用云服务等先进技术来充分发挥大数据分析的作用。

(4)数据技术专家是唯一需要的角色。尽管数据技术专家在大数据分析中扮演重要角色,但实际上,一个成功的大数据项目需要跨职能团队的合作,包括数据工程师、业务骨干。

(5)大数据一定带来准确的预测。尽管大数据可以提供更多的信息,但预测仍然受到许多因素的影响,包括模型的选择、数据质量等。

了解大数据认识误区可以帮助人们更加理性地看待大数据,并在实践中做出更明智的决策。

五、我国大数据发展的现状与未来

2014年,大数据首次写入政府工作报告,大数据逐渐成为各级政府关注的热点;2015年9月,国务院发布《促进大数据发展行动纲要》,大数据正式上升至国家战略层面,十九大报告提出要推动大数据与实体经济的深度融合;2019年10月,党的十九届四中全会首次将数据纳入生产要素范畴;2021年3月发布的"十四五"规划中,大数据标准体系的完善成为发展重点;2022年12月,中共中央、国务院《关于构建数据基础制度更好发挥数据要素作用的意见》发布,以数据产权、流通交易、收益分配、安全治理为重点,系统搭建了数据基础制度体系的"四梁八柱"。

2023年2月,中共中央、国务院印发的《数字中国建设整体布局规划》,将数据要素放到一个更为宏大的"数字中国"图景中。规划明确,数字中国建设按照"2522"的整体框架进行布局,即夯实数字基础设施和数据资源体系"两大基础",推进数字技术与经济、政治、文化、社会、生态文明建设"五位一体"深度融合,强化数字技术创新体系和数字安全屏障"两大能力",优化数字化发展国内国际"两个环境"。同时,规划提出,到2025年,基本形成横向打通、纵向贯通、协调有力的一体化推进格局,数字中国建设取得重要进展。到2035年,数字化发展水平进入世界前列,数字中国建设取得重大成就。

【素质拓展】

数字经济引领实体经济高质量发展

《中共中央关于制定国民经济和社会发展第十四个五年规划和二〇三五年远景目标的建议》中明确指出"坚持把发展经济着力点放在实体经济上,坚定不移建设制造强国、质量强国、网络强国、数字中国,推进产业基础高级化、产业链现代化,提高经济质量效益和核心竞争力。"党的二十大报告进一步明确表示"加快发展数字经济,促进数字经济和实体经济深度融合,打造具有国际竞争力的数字产业集群。"为此,我们需要数字经济引领实体经济发展,以不断提升实体经济的质量和竞争力,促进我国经济的持续发展与繁荣。

党的二十大擘画了以中国式现代化全面推进中华民族伟大复兴的宏伟蓝图。为实现这一目标,我们必须不驰于空想、不骛于虚声,打通数字经济引领实体经济高质量发展的路径:

首先,积极拥抱新技术,提高核心竞争力。只有积极采纳新技术,加速数字化经营转型,增加研发和实业投资,突破关键技术壁垒,才能提升自身核心竞争力,保持在数字经济领域的领先地位。

其次,提高资源配置效率,合理配置金融资产。在金融化趋势下,面对有限资源的挑战,需要合理配置金融资产投资和实体投资,优化金融资产的分配,满足实业发展的资金需求。通过精准的资源配置,实现金融资本的有效配置,推动实体经济的可持续发展。

再者,着眼于完善金融市场,推动实体经济数字化转型。顺应数字科技的趋势,完善金融市场相关服务,引导企业加强实体投资,使金融发展回归服务实体经济的本质。通过提供多样化的金融产品和服务,促进企业实现数字化转型,实现经济形态的高质量发展,为构建数字经济赋能中国式现代化发展的新机遇打下坚实基础。

(资料来源:http://theory.people.com.cn/n1/2023/0804/c40531-40050555.html,有改动)

思考:在数字经济快速发展的背景下,实体经济如何有效整合数字技术,以实现高质量发展?

任务 2　大数据思维与应用

【核心概念】

1. 大数据思维:是一种基于大数据技术和理念的思考方式和方法论,旨在通过对大数据的收集、分析、应用,从中获取洞见、洞察,以支持决策和创新。

2. 全部样本:指的是研究对象的全部个体或单位,也就是研究中所涉及的所有元素的集合。

3. 相关关系:指的是两个或多个变量之间存在一种统计上的关联或联系,即当一个变量发生变化时,另一个或其他变量也可能会相应地发生变化。

4. 因果关系:指一个变量的变化导致另一个变量的变化。在因果关系中,一个变量被称为自变量,另一个变量被称为因变量。

【学习目标】

1. 能够说出大数据思维的三大变化。
2. 能够清晰地描述数据分析的流程。

【基本知识】

一、大数据思维方式

大数据研究专家维克托·迈尔–舍恩伯格教授在 *Big Data: A Revolution That Will Transform How We Live, Work and Think* 一书中指出了大数据思维的三大变化(见图1–3):

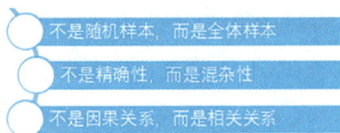

不是随机样本,而是全体样本

不是精确性,而是混杂性

不是因果关系,而是相关关系

图1–3　大数据思维的三大变化

1. 全部样本

传统统计学常常依赖于对样本数据的抽样,然后通过推断来得出总体的特征。而在大数据时代,我们可以利用全部样本的数据进行分析,避免了抽样误差带来的不确定性,使得分析结果更为准确。

在信息处理能力受限的时代,数据分析成为举足轻重的环节,然而缺乏用来分析所收集数据的工具,随机采样因此而崭露头角,它可以被视为那个时代的产物。如今,随着计算和制表变得更加便捷,采样的重要性逐渐减弱。感应器、手机导航、网站点击和社交媒体等渠道产生了大量数据,计算机也能够轻松地对这些数据进行处理。然而,传统的采样方法在这个快速变革的时代显得有些滞后,因为它忽视了数据的细节考察。尽管在许多情况下我们只能利用采样分析法进行考察,但现在我们已经有了更多的机会从部分数据收集扩展到尽可能多的数据收集。在大数据时代,当数据处理技术已经发生了翻天覆地的变化时,依然坚持传统的抽样分析方法就如同在汽车时代仍然选择骑马一样,显得有些过时。我们需要的是所有的数据,因为在这个时代里,"样本等于总体"。

2. 混杂性

大数据往往包含各种各样的数据类型、来源和格式,也可能包含噪声和异常值。因此,在大数据分析中需要处理更为复杂、混杂的数据,需要采用更加灵活的方法来应对这种复杂性。

在信息缺乏的时代,我们常常执着于数据的精确性,然而,事实是只有约 5% 的数据是结构化的,适用于传统数据库的存储与处理,若我们不能接受数据的混乱和不完全准确,那么剩下的 95% 的非结构化数据将无法得到充分利用,因此,唯有放下对精确性的迷恋,我们才能打开前所未有的数据世界之窗。对于"小数据"而言,最基本、最重要的要求之一是减少错误,保证数据的质量,由于收集的信息量有限,我们必须确保记录的数据尽可能准确无误。然而,随着新情况不断涌现,允许一定程度的不精确性也成为新的亮点,而非缺陷,因为在放宽容错标准的同时,我们拥有了更多的数据,可以利用这些数据做更多新的事情。在这种情况下,大数据的优势不仅体现在数据量大,而且大量数据创造了更为准确的结果。举例来说,假设你要测量一个葡萄园的温度,但只有一个温度测量仪可用于整个葡萄园。在这种情况下,你必须确保测量仪的准确性和持续工作性。而如果每 100 棵葡萄树就有一个测量仪,可能会导致一些测量数据不准确,情况可能会更加混乱。然而,众多的读数合在一起将提供一个更为准确的结果。因为这里包含了更多的数据,它们不仅能够抵消错误数据造成的影响,还能提供更多的附加价值。

3. 相关关系

大数据时代更加强调数据之间的相关关系,而非传统统计学中常强调的因果关系。通过大数据分析,我们可以发现数据中的相关性和趋势,而不必深入研究复杂的因果关系。

在大数据时代,我们不必执着于了解现象背后的原因,而是应该让数据自身来传递信息。核心在于量化两个数据值之间的数理关系,其中强相关关系表示当一个数据值增加时,另一个数据值很可能也会随之增加。我们已经见识过一些极为显著的强相关关系,比如谷歌流感趋势：在特定地理位置上，随着人们通过谷歌搜索特定词条的增加，该地区流感患者数量也随之上升。相反，弱相关关系意味着一个数据值的变化几乎不会影响到另一个数据值，例如我们可以研究个人的鞋码与幸福感之间的相关关系，但结果会显示它们几乎没有实质联系。值得强调的是，相关关系并不具有绝对性，而是一种可能性。例如亚马逊推荐的每本书并非都符合顾客的购买兴趣，然而，如果相关关系强，那么一个相关链接成功的概率将会很高。

在大数据时代，新型的分析工具和思维方式为我们打开了全新的视野，提供了有价值的预测。我们发现了许多以前未曾注意到的联系，也理解了以往难以理解的复杂技术和社会动态。然而，最重要的是，通过追求"是什么"而非"为什么"，相关关系帮助我们更全面地认识了这个世界。

以上三个大数据的思维反映了在大数据时代，我们在处理数据时需要采用一种全新的思维方式，同时也提醒我们要注重数据的质量、准确性，以确保分析结果的可靠性。

二、数据分析的流程

在进行数据分析时，我们通常需要按照以下关键流程进行：数据采集、数据预处理、数据分析挖掘、数据可视化、数据分析报告（见图 1-4）。

图 1-4　数据分析的流程

首先，数据采集是整个数据分析过程的起点。它涵盖了从各种来源获取数据的过程，可以是数据库、网络爬虫、传感器、日志文件，等等。在这个阶段，数据的质量和完整性对后续的分析至关重要，精准、全面地收集数据将为后续的分析奠定坚实基础。

接着，数据预处理是保证数据质量的关键一环。在实际的数据中，常常会存在着缺失值、异常值、重复值等问题，这就需要通过一系列的数据清洗操作来进行处理。清洗后的数据将更加准确、可靠，为后续的分析工作提供可靠的数据基础。

然后，数据分析挖掘是数据分析的核心环节。在这一阶段，我们利用各种统计分析、机器学习等技术来挖掘数据中隐藏的规律、趋势和关联。通过对数据的深入分析，我们可以发现其中蕴含的宝贵信息，为决策提供有力支持。

随后，数据可视化是将分析结果以直观形式展现的重要手段。通过图表、图形等可视化方式，将复杂的数据变得清晰易懂，使得决策者能够直观地了解分析结果，从而做出准确的判断和决策。

最后，数据分析报告是将整个分析过程和结果进行总结和归纳的环节。报告需要清晰、简洁地呈现数据的关键信息，同时也要提供相应的解释和建议。一个优秀的数据分析报告不仅能够展示出分析的价值，也能够为后续工作提供指导。

上述的五个环节相互交织、相互支撑，共同构成了一个完整的数据分析过程。通过科学、有效地执行这些环节,我们能够从海量的数据中发现有价值的信息,为决策和发展提供有力支持。在信息时代,数据分析已成为推动各行各业发展的重要引擎,也是我们理解世界、做出明智决策的得力助手。

【素质拓展】

大数据让偷税漏税无处遁形

国家税务总局上海市税务局于 2022 年 3 月 15 日公布,邓某在 2019 年至 2020 年期间,通过虚构业务转换收入性质进行虚假申报,偷逃个人所得税 4765.82 万元,其他少缴个人所得税 1399.32 万元。上海市税务局第四稽查局对邓某追缴税款、加收滞纳金并处罚款,共计 1.06 亿元。

消息一出,微博话题热度迅速高涨,位列热搜第一,网友纷纷发言:"内娱又凉了一个""剪辑师又要加班了"。

与此前被曝光的"明星"一样,邓某是又一个在大数据技术下显露原形的偷逃税者。这些"明星"的违法行为相似,通过虚构业务,将个人劳务报酬转换为企业收入进行虚假申报,偷逃税款,同时存在其他少缴税款的行为。这也是较为常见的偷逃税手段,主要发生在文娱、直播电商等新业态领域,因其收入来源多样化,具有跨地区、跨行业、隐秘性强等特征,各项数据极为分散,传统税务征管方式不容易查出来。

随后,邓某发布致歉信称:在配合这次税务部门检查的过程中,我已深刻自省,深刻认识到自己的错误,我接受税务机关的一切决定,我愿意承担相关一切责任及后果,并且一如既往地积极努力工作,疫情当前占用公共资源深深地表达歉意。

根据公开资料显示,国内税收大数据来源主要是申报系统数据和其他征管系统数据,涵盖完整的税收、动态和跨平台交互信息,在数据应用层面,机器学习、云计算和数据挖掘技术综合应用于税收管理和经济分析是当前的主流趋势。

（资料来源:https://dsj.guizhou.gov.cn/xwzx/gnyw/202203/t20220316_73010412.html,有改动）

思考:在大数据时代,企业应如何建立并强化纳税诚信体系?

任务 3　大数据分析在金融领域的应用场景

【核心概念】

1. 精准营销:又称为个性化营销或定向营销,是一种基于精确的客户数据和分析,以及利用先进的技术和工具来向特定的目标受众提供定制化内容和服务的营销策略。

2. 用户画像:用户画像是一种根据用户的特征、行为、喜好等信息构建的具体用户形象,旨在更准确地了解目标用户群体,以便定制化、个性化地向他们推送营销信息和服务。

3. 风控:全称为风险控制,是指企业或组织在经营和活动过程中,采取一系列的策略、措施以及使用相应的工具和方法,旨在识别、评估、监控和应对各类风险,从而降低损失发生的可能性,保护组织的利益和资产。

4. 风险定价:是指在金融领域中,通过一系列的方法和模型来确定特定资产或投资的预期回报,以反映与该资产或投资相关的各类风险。

5. 智能投顾:是一种利用算法和人工智能技术来提供投资建议和管理投资组合的数字化服务。

【学习目标】

1. 能够描述大数据分析在金融领域的应用场景。
2. 能够说出大数据技术在信贷各环节中的应用。
3. 能够说出大数据技术在金融风控的各阶段中的应用。
4. 能够说出大数据技术在金融营销各环节中的应用。

【基本知识】

一、常见的应用场景

大数据分析在金融领域具有广泛的应用场景,可以帮助金融机构提高效率、降低风险、优化服务。以下是一些常见的应用场景:

1. 银行领域

大数据技术在银行业务中的实践应用具有显著的成效。以下是金融大数据在银行业务中的实践案例:

精准营销:在大数据时代,银行可以通过分析海量的客户数据,了解客户的消费习惯、理财偏好等信息。基于这些数据,银行可以制定个性化的营销策略,向不同群体的客户提供定制化的金融产品和服务,从而提升客户满意度和忠诚度。

黑产防范:大数据分析可以帮助银行及时识别并防范黑产活动,如诈骗、虚假交易等。通过监控交易数据、用户行为等信息,银行可以及时发现异常行为,并采取相应的措施防止损失扩大。

消费信贷:大数据技术可以提供更全面、精准的客户信用评估,帮助银行更准确地评估客户的信用风险。通过分析客户的信用历史、收入水平、消费行为等信息,银行可以制订合适的信贷方案,提高放贷的成功率。

信贷风险评估:大数据分析可以帮助银行更准确地评估贷款申请人的信贷风险。通过分析客户的个人信息、财务状况、信用记录等数据,银行可以量化客户的信用状况,从而制定相应的贷款额度和利率。

这些实践场景清晰地展示了金融大数据在银行业务中的应用优势。通过充分利用大数据技术,银行可以提升业务效率,降低风险,同时为客户提供更加个性化的金融服务,促进金融行业的持续健康发展。

2. 保险领域

以下是金融大数据在保险行业的应用实践:

骗保识别:借助大数据分析技术,保险公司可以对保单信息、理赔记录等数据进行全面分析,识别出可能存在的骗保行为。通过建立模型和算法,可以自动识别异常情况,及时采取措施,防止欺诈行为发生。

风险定价:大数据技术使保险公司能够更准确地评估客户的风险水平。通过分析客户的个人信息、历史理赔记录、健康状况等数据,保险公司可以为不同客户制定个性化的保险产品和风险定价策略,从而提高保险产品的市场竞争力。

客户服务:大数据分析可以帮助保险公司了解客户的需求、偏好,从而提供更加个性化的客户服务。通过分析客户的投保历史、投保金额等信息,保险公司可以主动向客户推荐适合其需求的保险产品,提升客户满意度。

理赔处理:大数据分析可以加速理赔处理流程,提高理赔效率。通过对被保险人的医疗记录、事故信息等数据进行分析,可以实现快速定损和理赔,缩短理赔周期,提升客户体验。

以上实践场景展示了金融大数据在保险行业的广泛应用。通过充分利用大数据技术,保险公司可以提升业务效率,降低风险,同时为客户提供更加个性化的保险服务,促进保险行业的可持续发展。

3. 证券领域

在证券领域,金融大数据的应用实践为投资者和证券公司提供了强大的决策支持和服务优化手段。以下是金融大数据在证券领域的应用实践:

股市行情预测:借助大数据分析技术,证券公司可以对大量的历史股市数据进行挖掘和分析,从而预测未来股市的走势。通过建立复杂的模型和算法,可以提供高精度的股市行情预测,帮助投资者做出更明智的投资决策。

股价预测:大数据技术可以为投资者提供对个股的精准预测。通过分析公司财报、行业动态、宏观经济指标等数据,可以量化公司的盈利能力、成长性等指标,为投资者提供科学的股价预测,指导投资策略。

智能投顾:大数据技术使得证券公司能够为投资者提供更加个性化的投资建议和服务。通过分析投资者的风险承受能力、投资偏好等信息,可以为客户量身定制投资组合,实现智能投顾,提升客户投资体验。

交易监控:大数据分析可以帮助证券公司监控交易市场,识别异常交易行为,及时采取措施,防止市场操纵、欺诈等违规行为,保护投资者的权益。

以上实践场景展示了金融大数据在证券领域的广泛应用。通过充分利用大数据技术,证券公司可以提升投资者的投资体验,降低投资风险,从而促进证券市场的健康发展。同时,投资者也可以借助大数据技术获取更准确的市场信息,做出更明智的投资决策。

4. 支付领域

在支付领域,金融大数据的应用实践为支付机构和金融机构提供了丰富的工具和方法来优化支付服务,保障支付安全。以下是金融大数据在支付领域的应用实践:

交易欺诈识别：借助大数据分析技术，支付机构可以实时监控用户的交易行为，识别异常交易模式，及时防范交易欺诈行为。通过分析用户的交易历史、地理位置等信息，可以识别出潜在的风险交易，保障用户资金安全。

用户画像建立：大数据分析可以帮助支付机构建立用户画像，了解用户的消费习惯、购物偏好等信息。通过分析用户的消费行为、购物频率等数据，支付机构可以为商家提供更精准的用户群体，提升广告的转化率和效果。

反洗钱监控：大数据技术可以帮助支付机构监控资金流动，及时发现异常的资金转移行为，从而防止洗钱等违法活动。通过分析交易数据、资金流向等信息，可以识别出可疑的交易行为，保护金融体系的安全稳定。

以上实践场景展示了金融大数据在支付领域的广泛应用。通过充分利用大数据技术，支付机构可以提升支付服务的智能化水平，保障用户的资金安全，同时为商家提供更加精准的广告推送服务，促进支付行业的可持续发展。

5. 互联网金融领域

在互联网金融领域，金融大数据的应用实践为金融科技公司和互联网平台提供了强有力的工具来优化金融服务和降低风险。以下是金融大数据在互联网金融领域的应用实践：

高频交易：大数据技术使得金融科技公司能够处理高频交易数据，实现更快速、更精准的交易执行。通过对市场行情、交易订单等大量数据的实时分析，可以帮助投资者进行高效的交易决策，提升交易效率。

社交情绪分析：通过分析社交媒体平台上的用户评论、情绪表达等数据，金融科技公司可以了解公众对特定事件或投资品的情绪变化，从而为投资者提供情绪指导。这种情绪分析可以用于辅助投资决策，帮助投资者更好地理解市场动态。

信贷风险分析：大数据分析可以帮助金融科技公司对借款人的信用风险进行全面评估。通过分析个人的信用历史、财务状况等数据，可以量化信贷风险，并为贷款机构提供参考，降低贷款违约风险。

以上实践场景展示了金融大数据在互联网金融领域的广泛应用。通过充分利用大数据技术，金融科技公司可以为投资者提供更加智能化的投资建议，降低信贷风险，从而推动互联网金融行业的发展和创新。同时，投资者也可以借助大数据技术获取更准确的市场信息，做出更明智的投资决策。

二、金融领域应用案例：大数据技术在信贷中的应用

大数据在信贷领域的应用呈现出了多重纵深，从贷前管理到贷中监控再到贷后管理，涵盖了整个信贷生命周期的各个环节（见图1-5）。

获客 ➡ 身份验证 ➡ 授信 ➡ 贷中监控 ➡ 贷后管理

图1-5　信贷管理流程

1. 获客

通过用户画像和智能营销,借助大数据技术,金融机构可以精准地锁定潜在客户群体,了解其消费偏好和行为特征,从而实现高效获客。

2. 身份验证

大数据在身份验证方面也发挥了重要作用。通过反欺诈技术和活体识别技术,可以有效保障用户的身份信息安全,防止恶意欺诈行为的发生。同时,通过关联分析,可以更加全面地了解客户的信用历史和行为轨迹,为授信决策提供更为准确的参考。

3. 授信

在授信阶段,大数据的风险定价和信用评分成为重要依据。通过对大量的贷款数据进行分析,可以量化不同客户的信用风险,为贷款机构提供科学的风险定价策略,确保贷款业务的稳健运营。

4. 贷中监控

在贷中监控阶段,大数据技术也可以帮助金融机构进行交易反欺诈,及时发现并应对异常交易行为,保护资金安全。

5. 贷后管理

在贷后管理方面,智能催收技术通过对客户还款行为的分析,可以实现更加精准的催收策略,提升催收效率,同时也减轻了客户和机构双方的压力。

综合来看,大数据技术在信贷领域的广泛应用,不仅提升了金融机构的运营效率,也为客户提供了更加便捷、安全的信贷服务,推动了整个信贷行业的健康发展。

三、金融领域应用案例:大数据技术在金融风控中的应用

大数据技术在金融业务中扮演着越来越重要的角色,特别是在风控和反欺诈方面,其影响深远而显著。通过应用大数据风控模型,金融机构能够对信贷申请业务进行全方位的风险评估,实现了贷前、贷中和贷后的反欺诈预警。

(1)在贷前阶段,大数据技术通过对大量的用户数据进行分析和挖掘,构建了一套完善的风控模型。这个模型不仅考虑了传统的信用评分,更结合了用户的行为、消费习惯、社交关系等多维度信息,使得风险评估更为全面准确。同时,大数据技术还能够实时更新用户的信用信息,确保了评估的实时性和精确性。

(2)在贷中阶段,大数据技术的应用使得机构能够实时监控交易行为,及时发现异常情况。通过对用户交易行为的分析,可以识别出潜在的欺诈行为,并采取相应措施进行处置,保护资金的安全。

(3)在贷后阶段,大数据技术也发挥着重要作用。通过对用户还款行为的监控和分析,可以实现智能催收,提升催收效率。同时,还可以通过大数据分析,为用户提供个性化的贷后服务,帮助其更好地管理贷款。

四、金融领域应用案例:大数据技术在金融营销中的应用

一家大型银行希望通过利用大数据技术提升信用卡业务的精准营销效果。他们决定开发一个智能推荐引擎,通过分析客户数据,为每个客户推荐最适合他们的信用卡产品(见图1-6)。

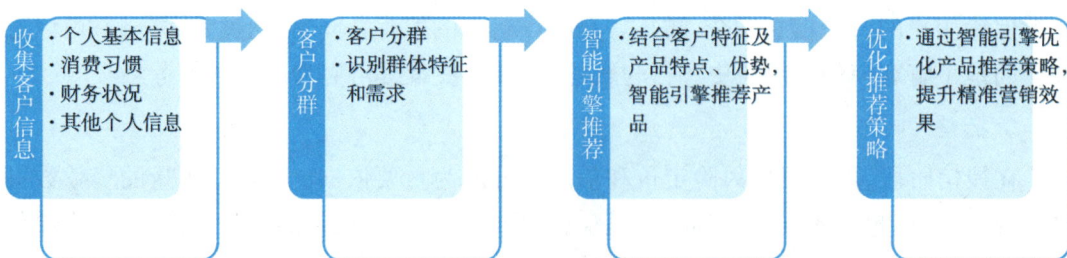

收集客户信息
- 个人基本信息
- 消费习惯
- 财务状况
- 其他个人信息

客户分群
- 客户分群
- 识别群体特征和需求

智能引擎推荐
- 结合客户特征及产品特点、优势,智能引擎推荐产品

优化推荐策略
- 通过智能引擎优化产品推荐策略,提升精准营销效果

图1-6 金融大数据营销流程

银行采用大数据技术构建一个智能推荐引擎。该引擎首先收集客户的个人信息、消费习惯、财务状况等数据,然后通过数据分析和机器学习算法对客户进行分群,识别出不同群体的特征和需求。接着,引擎根据每个客户的特征,结合银行信用卡产品的特点和优势,为每个客户推荐最适合他们的信用卡产品。同时,引擎还会提供相应的推荐理由和福利说明,以增强客户的信任和理解。

银行通过智能推荐引擎在信用卡营销中取得了显著的成效。首先,客户的申请通过率大幅提升,因为他们获得了更符合自己需求的产品推荐。其次,客户的信用卡使用率和消费频率也有了明显的增长,提升了客户价值。

此外,银行还通过引擎不断优化产品推荐策略,提高了营销活动的投资回报率。整体来看,智能推荐引擎的应用有效提升了银行信用卡业务的精准营销效果。

随着金融业务的不断发展,金融领域对具备大数据技术应用能力的人才的需求也愈发迫切。这些人才需要具备数据分析、模型构建、风险评估等方面的专业知识,同时还需要具备对金融行业的深刻理解,以应对日益复杂的金融环境和业务需求。因此,大数据技术的发展不仅提升了金融业务的效率和安全性,也催生了对高素质专业人才的需求。

【素质拓展】

大数据时代信用卡该怎么玩

中信银行信用卡中心是国内银行业为数不多的几家分行级信用卡专营机构之一,也是国内最具竞争力的股份制商业银行信用卡中心之一。

过去,中信银行信用卡中心无论在数据存储、系统维护等方面,还是在有效地利用客户数据方面,都面临巨大的压力。同时,为了应对激烈的市场竞争,中信银行信用卡中心迫切需要一个可扩展、高性能的数据仓库解决方案,支持其数据分析战略,提升业务的敏捷性。

2010 年 4 月,中信银行信用卡中心实施了 EMC Greenplum 数据仓库解决方案。Greenplum 数据仓库解决方案为中信银行信用卡中心提供了统一的客户视图,借助客户统一视图,中信银行信用卡中心可以更清楚地了解其客户价值体系,从而能够为客户提供更有针对性和相关性的营销活动。

基于数据仓库,中信银行信用卡中心现在可以从交易、服务、风险、权益等多个层面分析数据。通过提供全面的客户数据,营销团队可以对客户按照低、中、高价值来进行分类,根据银行整体经营策略积极地提供相应的个性化服务。Greenplum 解决方案在系统维护方面十分便捷简单,中信银行信用卡中心每年因此减少了大约 500 万元的数据库维护成本,这有助于减少解决方案的总成本。

2013 年 11 月,在中信银行与腾讯联合发布"中信银行 QQ 彩贝联名信用卡"仪式上,中信银行信用卡中心总裁陈劲表示,该行信用卡发卡量已突破 2000 万张,未来将充分利用互联网基因和大数据技术挖掘客户需求。大数据对信用卡产品的营销具有很大的促进作用。在大数据环境下,银行可以利用先进的互联网、云计算等新兴技术,对消费者的刷卡行为进行数据化的分类、统计,通过整理数据获取消费者的消费习惯、消费能力、消费偏好等非常重要的数据信息。通过客户数据、财务数据来区隔客户,通过消费区域定位、内容定向,知晓他们的消费习惯,然后进行深入的数据分析挖掘和展开精准营销。

(资料来源:https://www.cda.cn/view/16305.html,有改动)

思考:在开展大数据营销时,需要注意哪些社会伦理问题?

项目小结

项目一介绍了大数据的基本概念、特征以及在金融领域的应用场景。通过学习,我们深入了解了大数据对金融行业的重要意义,以及如何运用大数据技术来解决金融领域的实际问题。同时,项目一也引导我们开始了大数据思维的培养,提升了对数据分析的理解和应用能力。在未来的学习中,我们将会更加深入地研究大数据技术在金融行业的具体实践。

思考题

1.解释大数据的"5V"特征分别代表什么意义,并举例说明其在实际应用中的体现。

2.你认为人们对大数据认识的误区有哪些? 请举例说明如何纠正这些误区。

3.解释数据分析的基本流程,并详细说明其中的每个环节的作用。

4.请列举金融领域常见的大数据应用场景,并简要描述其中一个场景的具体应用。

项目二
Excel 在金融数据分析中的应用

任务 1　金融数据采集

【核心概念】

1. 数据采集：又称数据获取，是指从各种来源获取数据的过程，这些来源可以包括互联网、数据库、传感器、文档等。

2. 国内生产总值(GDP)：是指一个国家或地区在一定时期生产的所有最终产品与服务的市场价值。GDP 增长率是反映一定时期经济发展水平变化程度的指标，一般用来衡量经济增长的速度。

3. 城镇登记失业率：即城镇登记失业人数占城镇从业人数与城镇登记失业人数之和的百分比。

4. 价格指数：是衡量一组特定商品或服务价格相对于基期的变动情况的统计指标。常用的价格指数有消费者价格指数(consumer price index, CPI)和生产者价格指数(producer price index, PPI)。

5. 采购经理人指数(PMI)：是通过对企业采购经理的月度调查结果统计汇总、编制而成的指数，它涵盖了企业采购、生产、流通等各个环节，包括制造业和非制造业领域，是国际上通用的监测宏观经济走势的先行性指数之一，具有较强的预测、预警作用。PMI 高于 50% 时，反映经济总体较上月扩张；低于 50%，则反映经济总体较上月收缩。

6. 货币供应量：是单位和居民个人在银行的各项存款和手持现金之和，其变化能反映中央银行货币政策的变化，对企业生产经营、金融市场的运行和居民个人的投资行为有着重大的影响，是国家制定宏观经济政策的一个重要依据。按照国际货币基金组织的统计口径，货币层次划分为 M0(流通中现金)、M1(狭义货币)、M2(广义货币)。

7. 贷款市场报价利率(LPR)：由各报价行按公开市场操作利率(主要指中期借贷便利利率)加点形成的方式报价，由全国银行间同业拆借中心计算得出，为银行贷款提供定价参考。目前，LPR 包括 1 年期和 5 年期以上两个品种。

【学习目标】

1. 能够说出金融数据的主要来源、数据的主要类型及结构。

2. 能够通过互联网查询到宏观经济数据及金融行业数据。

3. 能够运用 Excel 采集宏观经济数据。

4. 能够运用 Excel 采集金融行业数据。

5. 能够说出关于数据采集方面法律法规的要求，提升法律意识。

【基本知识】

一、金融数据的来源

金融数据可以来自多个渠道,以下是一些常见的金融数据来源:

(1)公开市场数据:

证券交易所:包括股票、债券、期货等市场的交易数据,如交易价格、成交量等。

外汇市场:外汇交易平台提供的外汇交易数据,包括货币汇率、成交量等。

商品交易所:提供大宗商品(如原油、黄金)交易数据。

(2)财报和年报:

公司财报:上市公司、公开公司发布的财务报表,包括资产负债表、利润表、现金流量表等。

年报:公司每年向监管机构提交的全面财务信息报告。

(3)政府经济数据:

国家统计机构:提供国家经济数据,如国内生产总值(GDP)、通货膨胀率、就业率等。

央行:提供货币供应量、利率等重要经济数据。

(4)金融机构数据:

银行:提供存款、贷款、利率等金融业务数据。

保险:提供保险产品销售、理赔等相关数据。

证券:提供股票交易信息、市场行情等数据。

期货:提供交易合约、持仓情况、交易结算等数据。

基金:提供基金产品、净值、资产规模等数据。

(5)经济研究机构:

提供宏观经济分析、行业研究等报告和数据。

(6)互联网平台数据:

互联网金融平台:如支付机构,提供交易、资金流动等数据。

(7)社交媒体和新闻媒体:

提供市场新闻、舆情分析等数据,可用于情绪分析等研究。

(8)专业数据提供商:

如彭博、汤森路透等,提供全球范围内的金融数据服务。

(9)学术研究数据库:

学术出版社和研究机构提供的学术期刊、研究报告等数据。

(10)区块链和加密货币交易数据:

提供加密数字资产交易、区块链账本等数据。

在使用金融数据时,需要注意数据的可靠性、时效性以及使用权限。同时,对于数据

的获取和使用需要遵守相关的法律法规,比如《中华人民共和国网络安全法》《中华人民共和国数据安全法》《中华人民共和国个人信息保护法》等。

二、数据源的类型

数据源是一切数据分析的基础,数据分析前必须获取必要的数据。目前常见的数据源主要包括各类格式的本地数据、数据库数据、网络资源等。

1. 本地数据

本地数据被保存在不同格式的文件中,要获取这些数据就需要导入相应文件。

(1) Excel 属于常用的表格数据存储工具,在 Excel 中导入表格文件通过双击打开对应文件即可,如文件数据过大,仅需查看部分数据,可通过 Python 实现(具体查看项目三的任务 3)。

(2) CSV 是一种用分隔符分割的文件格式,常见的分隔符包括逗号、空格、制表符等,因此 CSV 文件也被称为字符分割文件。由于 Excel 文件在存放巨量数据时会占用极大空间,且读入时也会存在占用极大内存的缺点,因此巨量数据常使用 CSV 格式,在 Excel 中导入 CSV 格式文件方法与 Excel 类似。

(3) 文本文件数据通常以 txt 的格式保存,在 Excel 中通过菜单中操作导入文本文件,也可以通过 Python 读取。

2. 数据库数据

数据库是专门用于存储数据的软件系统,当数据源为数据库时,由于数据库和 Excel、Python 属于不同类型的软件,因此在使用 Excel 或 Python 来读取其中数据的时候,需要使用数据库提供的数据访问接口。

3. 网络数据

爬取网络数据是获取外部数据的重要途径,这些数据具有实时性、种类丰富的特点,对于数据分析而言是非常重要的一类数据来源。常用的数据类型包括表格数据、文本类数据、图片类数据。

1) 表格数据

网页中经常会使用表格作为呈现数据的方式,因此获取表格数据就成了网络爬取中最常用的获取数据的方式。在 Excel 中通过菜单中操作自网站导入表格,也可以通过 Python 读取相应网络地址中的资源。

2) 文本类及图片类数据

在网络中文本是非常重要的一类数据,如各类新闻头条、微博短文、微信公众号文章等,许多时候数据分析领域会涉及文本数据,这部分任务 Excel 无法完成,可通过 Python 进行爬取。在网络爬取时,不仅可以获得文本数据,同样还可以获得网络中的图片,并将这些图片下载到本地,可通过 Python 进行爬取。

三、数据结构

数据的结构通常可以分为三种主要类型:结构化数据、半结构化数据和非结构化数据。

1. 结构化数据

结构化数据是以表格、行和列的形式存储的数据,具有明确定义的数据模型,可以轻松地在关系型数据库或电子表格中存储和处理。

结构化数据的特点:数据以清晰、明确的格式存储,通常在表格或数据库中;数据的属性和关系事先定义好,便于查询和分析。比如:数据库中的表格、Excel 电子表格等。

2. 半结构化数据

半结构化数据在存储时可以包含一定的结构,但并不像结构化数据那样严格。它通常包含一些标签或标记,但这些标签可能不是强制性的。

半结构化数据的特点:包含部分结构信息;可以通过标记或标签进行识别和解析。比如:JSON、XML、HTML 网页等数据格式是半结构化数据的常见形式。

3. 非结构化数据

非结构化数据是没有明确定义的数据模型,通常以自由文本、图像、音频、视频等形式存在,难以在传统的表格或数据库中进行存储和处理。

非结构化数据的特点:数据没有明确的结构;通常需要使用自然语言、图像处理等技术进行分析和处理;难以直接在关系型数据库中存储。常见的形式有:文字文档(如 Word、PDF 等)、图像文件(如 JPEG、PNG 等)、音频文件(如 MP3、WAV 等)、视频文件(如 MP4、AVI 等)。

在实际应用中,往往会遇到混合型数据,即同时包含结构化、半结构化和非结构化数据的情况。此时,需要根据数据的特点采用不同的处理和分析方法,以充分利用各种类型的数据。

【任务实施】

【任务场景 2-1】采集宏观经济数据

本任务是通过互联网采集主要的宏观经济指标数据。小刘是一家期货公司的投资顾问,他需要进行宏观经济分析,以了解当前宏观经济对期货市场的影响。宏观经济分析是以国民经济活动为研究对象,以既定的制度结构为前提,分析国民经济的总量指标及其变化。宏观经济指标的数量变动及其关系反映了国民经济的整体状况,因此,宏观经济分析的核心就是宏观经济指标分析。投资顾问小刘首先要从互联网采集国内及国外的宏观经济指标数据。

本任务要求通过互联网查询并获取 2022 年各月份的经济指标数据,并将数据整理录入到 Excel 表格中:

固定资产投资额累计增长(%)	全国城镇调查失业率(%)	居民消费价格指数(上年同月=100)	工业生产者出厂价格指数(上年同月=100)	制造业采购经理指数(%)	货币和准货币(M2)供应量期末值(亿元)	货币(M1)供应量期末值(亿元)	流通中现金(M0)供应量期末值(亿元)	贷款市场报价利率(LPR)

登录"国家统计局"官方网站，找到"月度数据"菜单，点击"高级查询"，如图 2-1 所示。

依次勾选以下经济指标：固定资产投资—固定资产投资概况—固定资产投资额 _ 累计增长，城镇调查失业率—全国城镇调查失业率，价格指数—居民消费价格分类指数(上年同月 =100)—全国居民消费价格分类指数(上年同月 =100) —居民消费价格指数(上年同月 =100)，价格指数—工业生产者出厂价格分类指数—工业生产者出厂价格指数(上年同月 =100)，采购经理指数—制造业采购经理指数，金融—货币供应量—货币和准货币(M2)供应量 _ 期末值、货币(M1)供应量 _ 期末值、流通中现金(M0)供应量 _ 期末值，如图 2-2 所示。

图 2-1　数据查询页面（国家统计局官网）

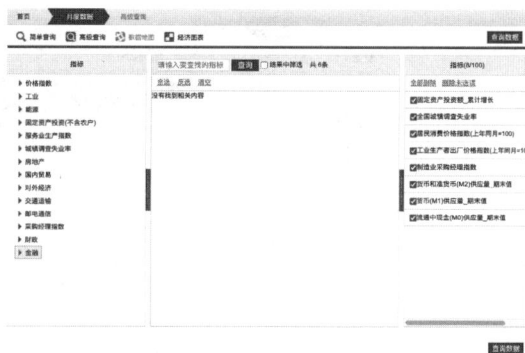

图 2-2　经济指标筛选

点击右下角"查询数据"，在"时间"对话框输入查询数据的时间范围"202201-202212"，点击确定，结果如图 2-3 所示。

图 2-3　数据管理

此时要将时间调至行索引，指标调至列索引，点击右上角的"报表管理" — "转置"，如图 2-4 所示。

报表"转置"后，时间调整至行索引，点击下三角符号将时间升序排列，生成报表，如图 2-5 所示。

点击右上角的"下载"按钮，出现如图 2-6 所示的对话框，选择"Excel"，点击"下载"，生成宏观经济指标月度数据表，如图 2-7 所示。

图 2-4　报表管理

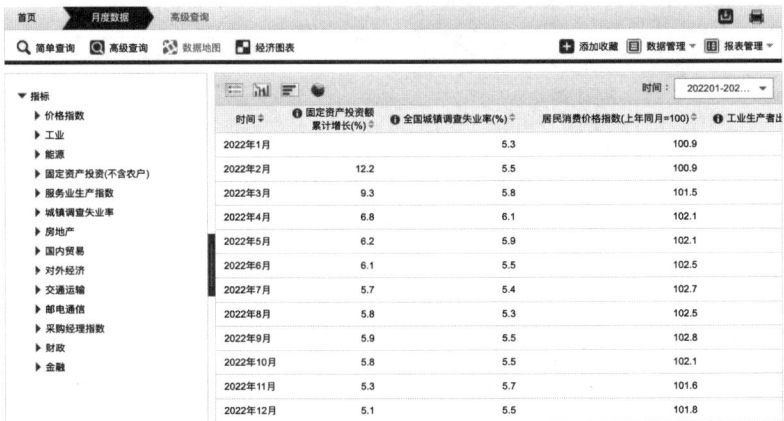

图 2-5　时间升序排列

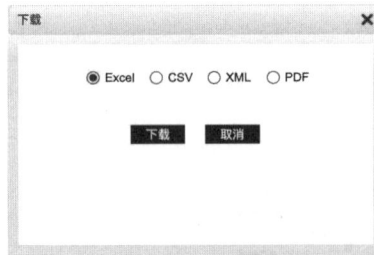

图 2-6　下载报表

指标	固定资产投资额累计增长(%)	全国城镇调查失业率(%)	居民消费价格指数(上年同月=100)	工业生产者出厂价格指数(上年同月=100)	制造业采购经理指数(%)	货币和准货币(M2)供应量期末值(亿元)	货币(M1)供应量期末值(亿元)	流通中现金(M0)供应量期末值(亿元)
				数据库：月度数据				
				时间：202201-202212				
2022年1月		5.3	100.9	109.1	50.1	2431022.72	613859.33	106188.87
2022年2月	12.2	5.5	100.9	108.8	50.2	2441488.9	621612.11	97227.7
2022年3月	9.3	5.8	101.5	108.3	49.5	2497688.34	645063.8	95141.92
2022年4月	6.8	6.1	102.1	108	47.4	2499710.9	636139.01	95626.49
2022年5月	6.2	5.9	102.1	106.4	49.6	2527026.15	645107.52	95546.86
2022年6月	6.1	5.5	102.5	106.1	50.2	2581451.2	674974.81	96011.7
2022年7月	5.7	5.4	102.7	104.2	49	2578078.57	661833.34	96509.19
2022年8月	5.8	5.3	102.5	102.3	49.4	2595068.27	661601.85	97231.03
2022年9月	5.9	5.5	102.8	100.9	50.1	2626600.92	664535.17	98672.06
2022年10月	5.8	5.5	102.1	98.7	49.2	2612914.57	662140.99	98416.73
2022年11月	5.3	5.7	101.6	98.7	48	2647008.48	667012.61	99740.12
2022年12月	5.1	5.5	101.8	98.7	47	2664320.84	671674.76	104706.03
				数据来源：国家统计局				

图 2-7　数据保存到 Excel 表格

查询贷款市场报价利率(LPR)。登录"中国货币网"官方网站,即"全国银行间同业拆借中心",找到"贷款市场报价利率"菜单,如图2-8所示,分别显示了1年期和5年期最新的贷款市场报价利率。要获取2022年每个月的数据,点击"历史数据",在"日期"对话框输入时间2022-01-01至2022-12-31,点击"查询",可以看到2022年每个月的1年期和5年期的贷款市场报价利率,如图2-9所示。

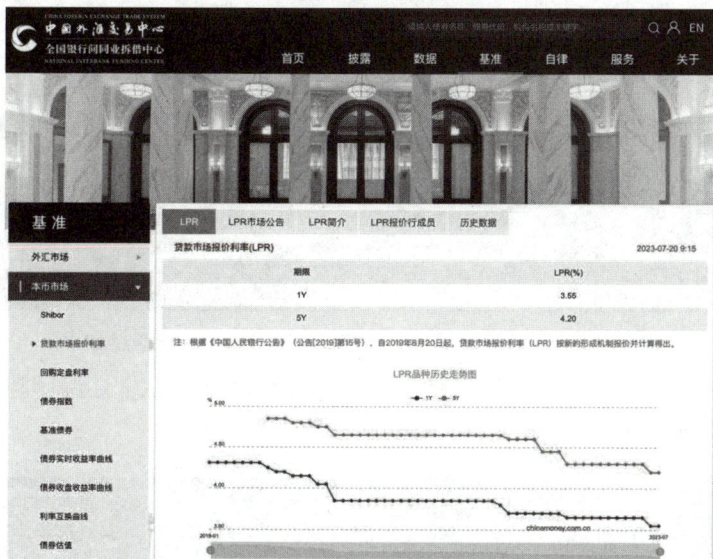

图2-8 LPR查询页面(数据来源:中国货币网)

点击"导出Excel",生成2022年贷款市场报价利率表,按日期进行升序排列后,如图2-10所示。

图2-9 查询LPR历史数据

日期	1Y	5Y
2022-01-20	3.70	4.60
2022-02-21	3.70	4.60
2022-03-21	3.70	4.60
2022-04-20	3.70	4.60
2022-05-20	3.70	4.45
2022-06-20	3.70	4.45
2022-07-20	3.70	4.45
2022-08-22	3.65	4.30
2022-09-20	3.65	4.30
2022-10-20	3.65	4.30
2022-11-21	3.65	4.30
2022-12-20	3.65	4.30

图2-10 LPR数据导出至Excel表格

【任务场景2-2】采集股票行情数据

投资顾问小刘为后续股票数据分析的需要,使用行情软件下载南宁糖业(000911)在2023年1月至6月的历史成交价格信息,这将是他的一个重要的数据来源。

打开股票行情界面,如图2-11所示。

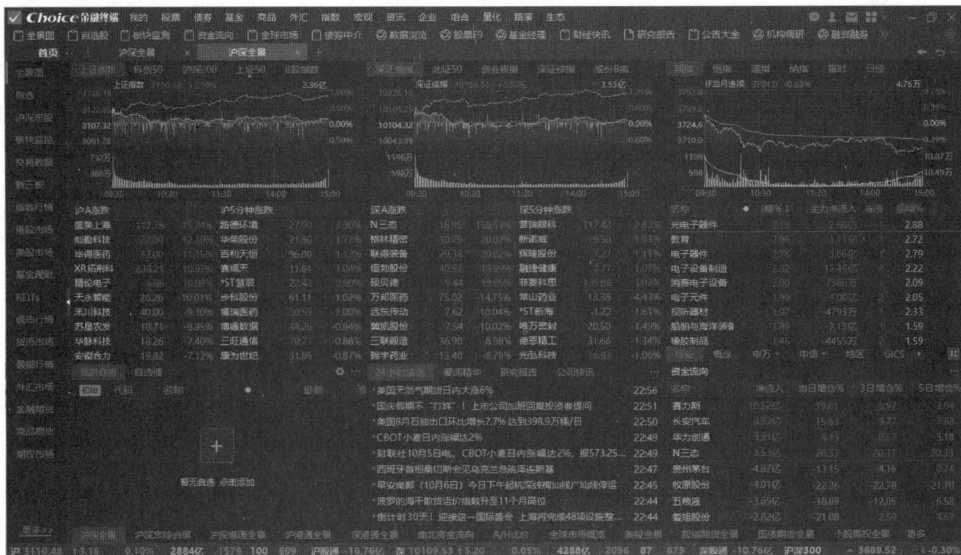

图 2-11 股票行情界面（数据来源：Choice 金融终端）

输入 000911 查询南宁糖业的行情信息，选择 K 线图，通过 K 线图可以了解到这只股票的历史价格变化情况，如图 2-12 所示。

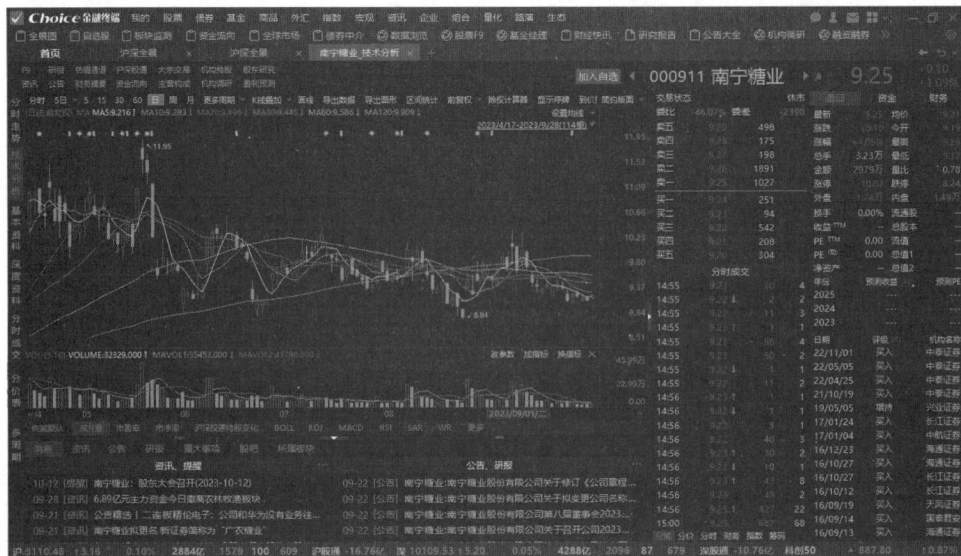

图 2-12 南宁糖业（000911）行情信息

点击"导出数据"按钮，在导出设置选项中选择"导出自定义时间数据"2023 年 01 月 01 日至 2023 年 06 月 30 日，这里需要收集每个交易日的价格信息，在时间周期中选择"日线"，复权方式选择"不复权"，如图 2-13 所示，点击"导出"，股票的历史行情数据就导出到 Excel 表格中了，如图 2-14 所示。

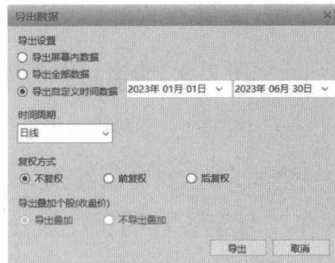

图 2-13 导出数据

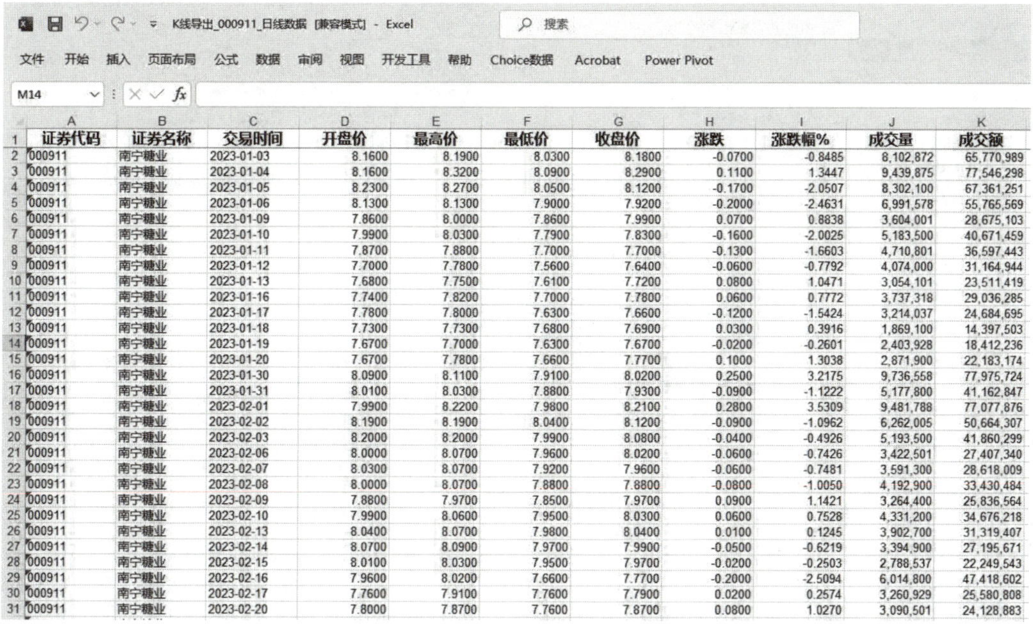

	A	B	C	D	E	F	G	H	I	J	K
1	证券代码	证券名称	交易时间	开盘价	最高价	最低价	收盘价	涨跌	涨跌幅%	成交量	成交额
2	000911	南宁糖业	2023-01-03	8.1600	8.1900	8.0300	8.1800	-0.0700	-0.8485	8,102,872	65,770,989
3	000911	南宁糖业	2023-01-04	8.1600	8.3200	8.0900	8.2900	0.1100	1.3447	9,439,875	77,546,298
4	000911	南宁糖业	2023-01-05	8.2300	8.2700	8.0500	8.1200	-0.1700	-2.0507	8,302,100	67,361,251
5	000911	南宁糖业	2023-01-06	8.1300	8.1300	7.9000	7.9200	-0.2000	-2.4631	6,991,578	55,765,569
6	000911	南宁糖业	2023-01-09	7.8600	8.0000	7.8600	7.9900	0.0700	0.8838	3,604,001	28,675,103
7	000911	南宁糖业	2023-01-10	7.9900	8.0300	7.7900	7.8300	-0.1600	-2.0025	5,183,500	40,671,459
8	000911	南宁糖业	2023-01-11	7.8700	7.8800	7.7000	7.7000	-0.1300	-1.6603	4,710,801	36,597,443
9	000911	南宁糖业	2023-01-12	7.7000	7.7800	7.5600	7.6400	-0.0600	-0.7792	4,074,000	31,164,944
10	000911	南宁糖业	2023-01-13	7.6800	7.7500	7.6100	7.7200	0.0800	1.0471	3,054,101	23,511,419
11	000911	南宁糖业	2023-01-16	7.7400	7.8200	7.7000	7.7800	0.0600	0.7772	3,737,318	29,036,285
12	000911	南宁糖业	2023-01-17	7.7800	7.8000	7.6300	7.6600	-0.1200	-1.5424	3,214,037	24,684,695
13	000911	南宁糖业	2023-01-18	7.7300	7.7300	7.6800	7.6900	0.0300	0.3916	1,869,100	14,397,503
14	000911	南宁糖业	2023-01-19	7.6700	7.7000	7.6300	7.6700	-0.0200	-0.2601	2,403,928	18,412,236
15	000911	南宁糖业	2023-01-20	7.6700	7.7800	7.6600	7.7700	0.1000	1.3038	2,871,900	22,183,174
16	000911	南宁糖业	2023-01-30	8.0900	8.1100	7.9100	8.0200	0.2500	3.2175	9,736,558	77,975,724
17	000911	南宁糖业	2023-01-31	8.0100	8.0300	7.8800	7.9300	-0.0900	-1.1222	5,177,800	41,162,847
18	000911	南宁糖业	2023-02-01	7.9900	8.2200	7.9800	8.2100	0.2800	3.5309	9,481,788	77,077,876
19	000911	南宁糖业	2023-02-02	8.1900	8.1900	8.0400	8.1200	-0.0900	-1.0962	6,262,005	50,664,307
20	000911	南宁糖业	2023-02-03	8.2000	8.2000	7.9900	8.0800	-0.0400	-0.4926	5,193,500	41,860,299
21	000911	南宁糖业	2023-02-06	8.0000	8.0700	7.9600	8.0200	-0.0600	-0.7426	3,422,501	27,407,340
22	000911	南宁糖业	2023-02-07	8.0300	8.0700	7.9200	7.9600	-0.0600	-0.7481	3,591,300	28,618,009
23	000911	南宁糖业	2023-02-08	8.0000	8.0700	7.8800	7.8800	-0.0800	-1.0050	4,192,900	33,430,484
24	000911	南宁糖业	2023-02-09	7.8800	7.9700	7.8500	7.9700	0.0900	1.1421	3,264,400	25,836,564
25	000911	南宁糖业	2023-02-10	7.9900	8.0600	7.9500	8.0300	0.0600	0.7528	4,331,200	34,676,218
26	000911	南宁糖业	2023-02-13	8.0400	8.0700	7.9800	8.0400	0.0100	0.1245	3,902,700	31,319,407
27	000911	南宁糖业	2023-02-14	8.0700	8.0900	7.9700	7.9900	-0.0500	-0.6219	3,394,900	27,195,671
28	000911	南宁糖业	2023-02-15	8.0100	8.0300	7.9500	7.9700	-0.0200	-0.2503	2,788,537	22,249,543
29	000911	南宁糖业	2023-02-16	7.9600	8.0200	7.6600	7.7700	-0.2000	-2.5094	6,014,800	47,418,602
30	000911	南宁糖业	2023-02-17	7.7600	7.9100	7.7600	7.7900	0.0200	0.2574	3,260,929	25,580,808
31	000911	南宁糖业	2023-02-20	7.8000	7.8700	7.7600	7.8700	0.0800	1.0270	3,090,501	24,128,883

图 2–14　将数据导出至 Excel 表格中

【任务场景 2–3】采集开放式基金净值数据

本任务是通过 Excel 表格直接从网页上获取开放式基金净值数据。如果网页中有表格化的数据，可使用 Excel 将网页中的数据直接导入到 Excel 表格中。

打开东方财富网，通过输入基金名称或代码查询基金，点击进入基金的信息界面，如图 2–15 所示。

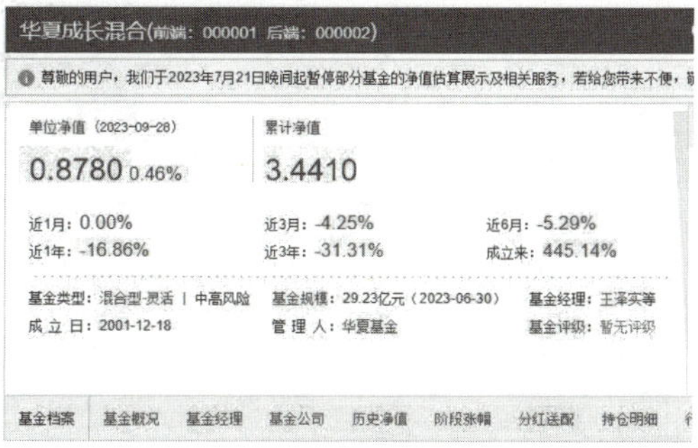

图 2–15　查询基金信息（数据来源：东方财富网）

通过点击“历史净值”选项，查询基金的历史净值明细数据，如图 2–16 所示，复制该网址。

打开一张空的 Excel 表格，选择“数据”面板中的“获取和转换数据”栏，点击“自网站”菜单，如图 2–17 所示，采集网页中的表格数据。

在“从 Web”窗口的 URL 输入框中输入数据源的网页地址，如图 2–18 所示。

点击“确定”按钮，Excel 连接到数据源网址，进入“导航器”窗口，窗口显示出网页上的表格数据，如图 2–19 所示。

图 2-16　查询基金历史净值

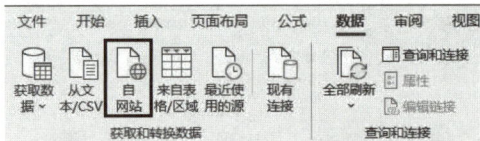

图 2-17　选择"自网站"菜单

图 2-18　输入数据源 URL

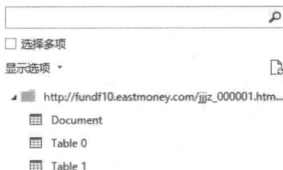

图 2-19　"导航器"窗口

点击 Table 类型数据,查看表格数据,选择需要下载的表格,如图 2-20 所示。

选择表格 Table 1,点击右下方的"加载"按钮,网络数据则会导入到 Excel 表格中,如图 2-21 所示。

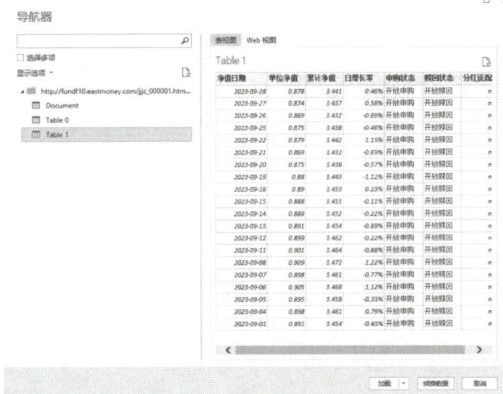

图 2-20　加载数据窗口

图 2-21　将数据加载到 Excel 表格

【素质拓展】

500 万个人金融数据贩卖的背后 藏着灰黑产的刚需

2020 年 7 月 23 日,江苏省如东县人民法院像往日一样,审理了一起刑事案件,审理过程和其他案件没有任何区别,但是这起案子本身却并不普通。涉案代理商费某,因犯侵犯公民个人信息罪,被判处有期徒刑三年,缓刑四年。这就是"1023"暗网侵犯公民个人信息案,2019 年侵犯公民个人信息犯罪十大典型案例之一,也是公安部挂牌督办案件。本案涉及公民个人信息超过 500 万条,案情重大、复杂,让公检法机关不得不多次延长审查起诉期。

2018年年底，贺某在暗网上花费价值一两千美金的比特币购买了一批POS机数据，这批数据包括个人姓名、联系方式以及部分银行卡号等信息。有了这批数据，贺某成为这起案件中被贩卖数据的源头，贺某凭借他对网络的熟悉，通过"暗网"和熟人介绍，将手上的数据陆陆续续卖了出去，这里的熟人，就是林某。

通过林某，某收单机构代理商费某从贺某手上用35万元一次性购买了超过200万条个人信息，但是他的原计划是购买500万条，因此，费某后续还进行了多次购买。除了费某，林某还将这超过200万条个人信息卖给王某某，王某某则将这些数据卖给不同人，后续还发生了第三次贩卖。

据移动支付网了解，有多家收单机构或多或少从不同方面与此案有关，有的是旗下代理商买数据，有的是旗下POS机数据被售卖。收单机构代理商费某证词显示，他非法购买个人信息数据不是为了进行犯罪，只是为了通过拨打电话销售自己手中的POS机。

2016年国庆前夕，人民银行发布《关于加强支付结算管理防范电信网络新型违法犯罪有关事项的通知》（银发〔2016〕261号），在POS终端管理部分，明令禁止任何单位及个人通过网络买卖POS机（包括MPOS）、刷卡器等受理终端。也就是说，从2016年开始，电销POS、网销POS就处于不合规的状态。正规商户完全没有必要通过这些不正规的方式获得POS机，是谁花钱在从电销、网销渠道获得POS机呢？

POS机作为一种方便快捷的终端设备，广受犯罪分子欢迎，对于他们来说，靠谱好用费率低的POS机是必备作案工具。除了从事赌博诈骗的犯罪分子，还有一类人群对于POS机有着需求，就是所谓的"信用卡玩家"群体。换句话说，通过电销、网销渠道获得POS机的人，要么是利用POS机以卡养卡，要么是要进行非法交易，或多或少都存在违法违规现象。

（资料来源：https://www.sohu.com/a/412444521_100014117，有改动）

思考：作为当代大学生，应该如何有效保护个人金融数据信息？

任务2　金融数据处理

【核心概念】

1.Excel的数据类型：常见的数据类型包括数值型（整数、小数），文本型、日期／时间型、逻辑型、错误型、空值、数组型。

2. 数据分列：是指将一个包含多个数据元素的单元格或文本按照特定规则拆分成多个单独的列，以便于进一步的处理和分析。

3.Excel函数：是一组预先定义好的计算工具，用于执行特定的数学、统计、逻辑、文本处理等操作，以便在Excel表格中对数据进行处理、分析和计算。每个函数都有特定的语法和参数，可以根据需要嵌套使用，从而完成复杂的计算任务。

4. 数据筛选器:用于按照特定的条件或标准,从数据集中筛选出符合要求的特定数据,以便于分析和处理。在电子表格软件(如 Excel)中,数据筛选器常用于按条件过滤和展示数据,以满足用户的需求。

5. 数据透视表:是一种强大的数据分析工具,通常用于汇总、整理和分析大量的数据,帮助用户快速地对复杂的数据集进行聚合和分析,从而更容易地发现模式、汇总信息和做出决策。

6. 数据透视图:是一种数据分析工具,通常用于在电子表格中对大量数据进行汇总、分析和可视化。它允许用户通过拖放字段来动态地重新组织和汇总数据,以便更容易地发现模式、总结信息和做出决策。

【学习目标】

1. 能够正确识别数据类型并运用 Excel 转换数据类型。
2. 能够运用 Excel 对数据进行分列处理。
3. 能够运用 Excel 中的 IF 函数对数据进行条件判断。
4. 能够正确使用 Excel 的筛选功能。
5. 能够正确使用数据透视表和数据透视图。

【基本知识】

一、常用的 Excel 文件类型

*.xlsx:最常用的格式,在没有宏或 VBA 代码时使用。

*.xls 97-2003 版本格式:需要与使用以前版本的 Excel 的某人共享时使用。

*.xlsm 带有宏的工作簿:在有宏或 VBA 代码时使用。

*.xltx 模板:在需要作为模板时使用。

.csv、.txt:常用于其他程序文件读写。

二、常见的 Excel 运算符

常见的 Excel 运算符如表 2-1 所示。

表 2-1　常见的 Excel 运算符

符号	运算符名称	优先级
^	幂运算符	1
*	乘号	2
/	除号	2
+	加号	3

续表

符号	运算符名称	优先级
–	减号	3
&	连接符号	4
=	等于符号	5
> ; >=	大于符号；大于等于符号	5
< ; <=	小于符号；小于等于符号	5

三、Excel 的常用函数

Excel 提供了大量的内置函数，可以用于执行各种计算和数据处理任务，表 2-2 列举了一些常用的函数。

表 2-2　Excel 的常用函数

序号	函数类型	常用函数
1	数学函数	SUM（）：返回某一单元格区域中所有数字之和。 AVERAGE（）：返回参数的平均值（算术平均值）。 COUNT（）：返回包含数字的单元格和参数列表中的数字个数。 COUNTIF（）：计算区域中满足给定条件的单元格的个数
2	文本函数	CONCATENATE（）：将两个或多个文本字符串合并为一个文本字符串。 LEN（）：返回文本字符串的字符数。 TRIM（）：除了单词之间的单个空格外，清除文本中所有的空格。 UPPER（）：将文本转换成大写形式
3	逻辑函数	IF（）：根据对指定的条件计算结果为 TRUE 或 FALSE，返回不同的结果
4	日期和时间函数	TODAY（）：返回当前日期的序列号
5	查找和引用函数	MATCH（）：返回在指定方式下与指定数值匹配的数组。 VLOOKUP（）：在表格数组的首列查找指定的值，并由此返回表格数组当前行中其他列的值

【任务实施】

【任务场景 2-4】运用 Excel 处理数据

采集到的原始表格数据，常会出现一些不规范的数据，会影响到后续的数据统计分析。如图 2-22 所示，该数据表格是从网页上采集到的沪深交易所某交易日的主力资金净流入排名前 50 的股票。从图 2-22 展示的部分数据中可以看出数据存在以下不规范的地方：一是"代码"列应为文本类型的数据，沪深交易所的股票代码由 6 位数字组成，采集的原始表格默认显示为数值型数据,导致 0 开头的股票代码前面的数字 0 显示不出来,股票代码显示有误;二是"今日主力净流入净额"列的数据类型为数值型和文本型数据混合在一起,而且数据的单位不一致。

序号	代码	名称	最新价	今日 涨跌幅	今日主力净流入 净额
21	1979	招商蛇口	16.28	0.0585	1.15亿
22	300049	福瑞股份	14.54	0.1997	1.15亿
23	600982	宁波能源	5.72	0.1	1.08亿
24	600021	上海电力	9.23	0.072	1.07亿
25	2049	紫光国微	169	0.006	1.06亿
26	300274	阳光电源	85.15	0.0104	1.05亿
27	603906	龙溪科技	31.8	0.1	9863.95万
28	2304	洋河股份	142.08	0.0296	9766.55万
29	875	广日股份	6.78	0.0528	9572.63万
30	600887	伊利股份	38.35	-0.0021	9705.40万
31	603176	汇通集团	10.22	0.2001	9381.12万
32	600702	舍得酒业	150.7	0.0148	8867.74万

图 2-22 原始数据表

本任务要对不规范的数据进行处理,并生成数据透视表,按交易所分组统计这 50 只股票的涨跌情况及汇总今日主力净流入净额的值;生成数据透视图,按主力净流入排列,绘制出主力净流入排名前十的股票主力资金净流入条形图。

(1)转换数据类型。

对表格中"代码"列数据进行处理,将数据类型更改为文本型数据,并补全股票代码缺失的数字 0。

选中"代码"列数据,点击数据类型的下拉菜单,选择"文本",如图 2-23 所示,将该列数据的类型更改为文本型。

图 2-23 转换数据类型

选中"代码"列所有数据的单元格,点击右键,选择"设置单元格格式",类别选择"自定义",类型输入"000000",即定义单元格格式为 6 位数,如图 2-24 所示。

点击"确定",第二列数据则统一显示为 6 位数字的股票代码,如图 2-25 所示。

(2)数据分列。

将"今日主力净流入净额"字段进行数据分列处理,去掉"亿"和"万"。

选中第六列数据,点击数据面板中的"分列",在弹出的文本分列向导对话框中选择"分隔符号",如图 2-26 所示,点击"下一步"。

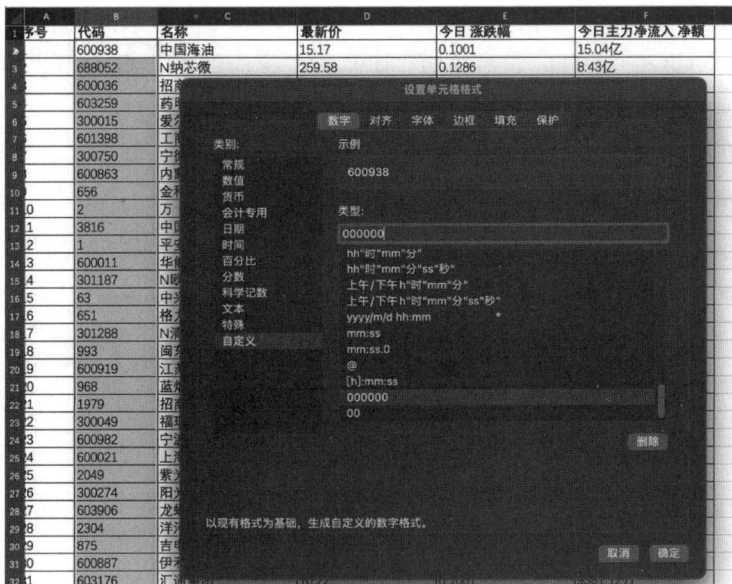

图 2-24　设置单元格格式

序号	代码	名称	最新价	今日 涨跌幅	今日主力净流入 净额
			……		
21	001979	招商蛇口	16.28	0.0585	1.15亿
22	300049	福瑞股份	14.54	0.1997	1.15亿
23	600982	宁波能源	5.72	0.1	1.08亿
24	600021	上海电力	9.23	0.072	1.07亿
25	002049	紫光国微	169	0.006	1.06亿
26	300274	阳光电源	65.15	0.0104	1.05亿
27	603906	龙蟠科技	31.8	0.1	9863.95万
28	002304	洋河股份	142.08	0.0296	9766.55万
29	000875	吉电股份	6.78	0.0528	9542.63万
30	600887	伊利股份	38.35	-0.0021	9405.40万
31	603176	汇通集团	10.22	0.1001	9381.12万
32	600702	舍得酒业	150.7	0.0148	8867.74万
			……		

图 2-25　"代码"列转换为文本类型数据

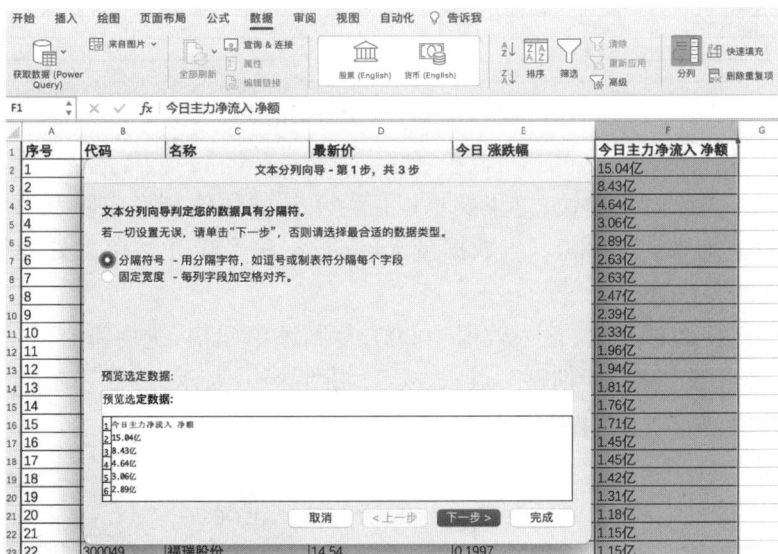

图 2-26　数据分列对话框

这一列数据中有两个不同的数值单位"亿"和"万",视为不同的符号,先将"亿"去掉。在第2步的对话框中,分隔符处选择"其他",在相应的文本框中填入"亿",如图2-27所示,点击"下一步"。

在第3步的对话框中,列数据格式应为数值型数据,在这里选择"常规",如图2-28所示,点击"完成"。

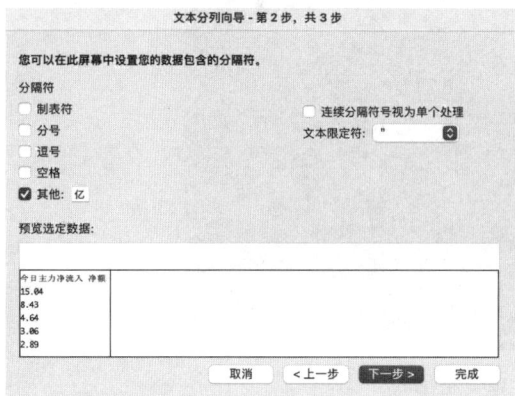

图2-27 设置分隔符

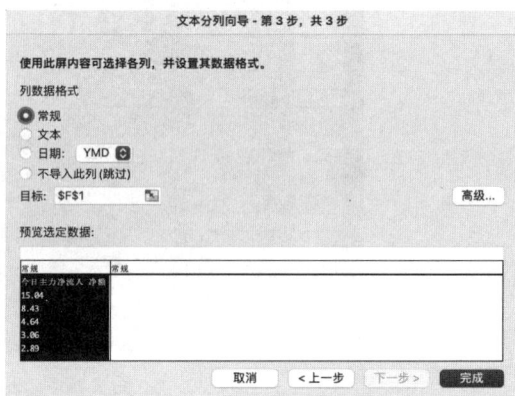

图2-28 设置数据格式

重复上述的操作,将单位"万"去掉,对第六列的数据分列处理操作就完成了,处理后的部分数据如图2-29所示。

序号	代码	名称	最新价	今日 涨跌幅	今日主力净流入 净额
				······	
21	001979	招商蛇口	16.28	0.0585	1.15
22	300049	福瑞股份	14.54	0.1997	1.15
23	600982	宁波能源	5.72	0.1	1.08
24	600021	上海电力	9.23	0.072	1.07
25	002049	紫光国微	169	0.006	1.06
26	300274	阳光电源	65.15	0.0104	1.05
27	603906	龙蟠科技	31.8	0.1	9863.95
28	002304	洋河股份	142.08	0.0296	9766.55
29	000875	吉电股份	6.78	0.0528	9542.63
30	600887	伊利股份	38.35	-0.0021	9405.4
31	603176	汇通集团	10.22	0.1001	9381.12
32	600702	舍得酒业	150.7	0.0148	8867.74
				······	

图2-29 数据分列处理后的表格

(3)统一格式。

将数值统一为以万为单位,这里要将以亿为单位的数值转换成以万为单位,即将以亿为单位的数值均乘以10000。当数据量大的时候,每个单元格单独处理很烦琐,这里运用批量处理的方法处理。

选中一个空白的单元格,输入数值10000,复制该单元格,选中所有以亿为单位的单元格,点击右键选择"选择性粘贴",点击"乘",如图2-30所示,点击"确定",将该列数据类型更改为数值型数据,结果如图2-31所示。

(4)IF函数的应用。

增加字段"涨跌",用IF函数判断每只股票的涨跌情况。

在"今日涨跌幅"列右侧添加一列"涨跌",根据"今日涨跌幅"的情况判断当日的涨跌。选择"涨跌"列的一个空白单元格,输入 IF 函数及参数。该函数包括 3 个参数,分别是测试值、值为真时显示的结果、值为假时显示的结果,这里输入 IF(E2>=0," 涨 "," 跌 "),注意标点符号、运算符号要在英文输入法状态下输入,如图 2-32 所示。

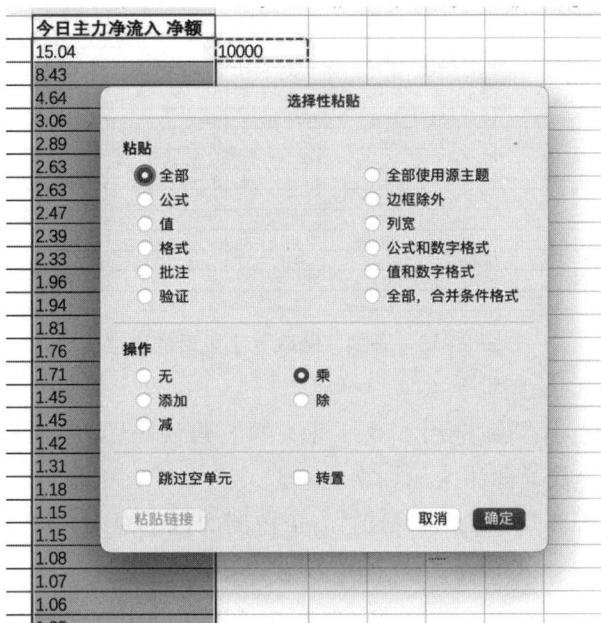

图 2-30   "选择性粘贴"窗口

序号	代码	名称	最新价	今日 涨跌幅	今日主力净流入 净额
				⋯⋯	
21	001979	招商蛇口	16.28	0.0585	11500.00
22	300049	福瑞股份	14.54	0.1997	11500.00
23	600982	宁波能源	5.72	0.1	10800.00
24	600021	上海电力	9.23	0.072	10700.00
25	002049	紫光国微	169	0.006	10600.00
26	300274	阳光电源	65.15	0.0104	10500.00
27	603906	龙蟠科技	31.8	0.1	9863.95
28	002304	洋河股份	142.08	0.0296	9766.55
29	000875	吉电股份	6.78	0.0528	9542.63
30	600887	伊利股份	38.35	-0.0021	9405.40
31	603176	汇通集团	10.22	0.1001	9381.12
32	600702	舍得酒业	150.7	0.0148	8867.74
				⋯⋯	

图 2-31   统一格式处理后的表格

	A	B	C	D	E	F	G
	序号	代码	名称	最新价	今日 涨跌幅	涨跌	今日主力净流入 净额
1							
2	1	600938	中国海油	15.17	0.1001	=if(E2>=0,"涨","跌")	
3	2	688052	N纳芯微	259.58	0.1286	IF(logical_test, [value_if_true], [value_if_false])	
4	3	600036	招商银行	42.5	0.0296		46400.00
5	4	603259	药明康德	101.6	0.0515		30600.00
6	5	300015	爱尔眼科	34.45	0.0646		28900.00
7	6	601398	工商银行	4.84	0.0126		26300.00
8	7	300750	宁德时代	415.34	0.0152		26300.00
9	8	600863	内蒙华电	3.39	0.1006		24700.00
10	9	000656	金科股份	4.53	0.0995		23900.00
11	10	000002	万 科A	19.81	0.0264		23300.00

SUM   fx   =if(E2>=0,"涨","跌")

图 2-32   IF 函数

输入完成后点击回车键,该单元格显示的值为"涨"。然后,将光标移动到该单元格的右下角,光标变成十字形后,双击鼠标即可将该单元格的公式自动填充到本列的其他单元格中,结果如图 2-33 所示。

序号	代码	名称	最新价	今日 涨跌幅	涨跌	今日主力净流入 净额
21	001979	招商蛇口	16.28	0.0585	涨	11500.00
22	300049	福瑞股份	14.54	0.1997	涨	11500.00
23	600982	宁波能源	5.72	0.1	涨	10800.00
24	600021	上海电力	9.23	0.072	涨	10700.00
25	002049	紫光国微	169	0.006	涨	10600.00
26	300274	阳光电源	65.15	0.0104	涨	10500.00
27	603906	龙蟠科技	31.8	0.1	涨	9863.95
28	002304	洋河股份	142.08	0.0296	涨	9766.55
29	000875	吉电股份	6.78	0.0528	涨	9542.63
30	600887	伊利股份	38.35	-0.0021	跌	9405.40
31	603176	汇通集团	10.22	0.1001	涨	9381.12
32	600702	舍得酒业	150.7	0.0148	涨	8867.74
				......		

图 2-33 添加"涨跌"字段后的表格

(5)数据筛选器的应用。

增加字段交易所,分别筛选出 6、0、3 开头的股票代码,其中 6 开头的股票标注为上海交易所,0、3 开头的股票标注为深圳交易所。

在"代码"列左侧添加一列"交易所",在数据面板中点击"筛选"按钮,调出筛选工具,如图 2-34 所示。

图 2-34 选择数据筛选工具

点击"代码"列筛选按钮,先筛选 6 开头的股票,在对话框中输入"6*",即可以将 6 开头的所有单元格筛选出来,如图 2-35 所示。

图 2-35 数据筛选

在筛选出来的股票对应的"交易所"列的单元格输入"上海证券交易所"。运用同样的方法筛选出 0、3 开头的股票代码,筛选出来的股票对应的"交易所"列的单元格输入"深圳证券交易所",如图 2-36 所示。

序号	交易所	代码	名称	最新价	今日 涨跌幅	涨跌	今日主力净流入 净额
21	深圳证券交易所	001979	招商蛇口	16.28	0.0585	涨	11500.00
22	深圳证券交易所	300049	福瑞股份	14.54	0.1997	涨	11500.00
23	上海证券交易所	600982	宁波能源	5.72	0.1	涨	10800.00
24	上海证券交易所	600021	上海电力	9.23	0.072	涨	10700.00
25	深圳证券交易所	002049	紫光国微	169	0.006	涨	10600.00
26	深圳证券交易所	300274	阳光电源	65.15	0.0104	涨	10500.00
27	上海证券交易所	603906	龙蟠科技	31.8	0.1	涨	9863.95
28	深圳证券交易所	002304	洋河股份	142.08	0.0296	涨	9766.55
29	深圳证券交易所	000875	吉电股份	6.78	0.0528	涨	9542.63
30	上海证券交易所	600887	伊利股份	38.35	-0.0021	跌	9405.40
31	上海证券交易所	603176	汇通集团	10.22	0.1001	涨	9381.12
32	上海证券交易所	600702	舍得酒业	150.7	0.0148	涨	8867.74

图 2-36　添加"交易所"字段后的表格

(6)数据透视表的应用。

生成数据透视表,按交易所分组,对各交易所的股票涨跌家数进行统计,汇总各交易所的今日主力净流入净额。

在"插入"面板中点击"数据透视表"按钮,弹出"创建数据透视表"对话框,勾选"选择一个表或区域""新工作表",如图 2-37 所示。

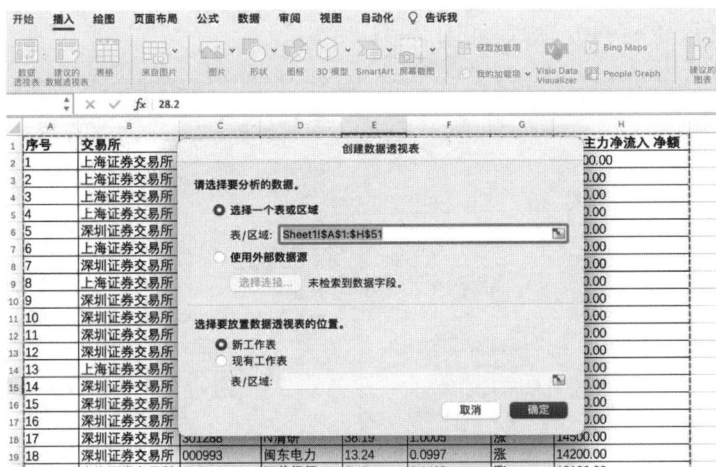

图 2-37　创建数据透视表

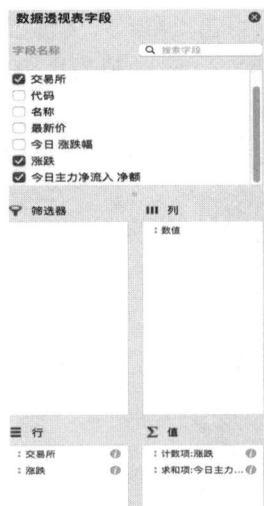

图 2-38　"数据透视表字段"对话框

点击"确定",出现"数据透视表字段"对话框,如图 2-38 所示。在"数据透视表字段"对话框中,行标签选择"交易所""涨跌",列标签默认为"数值",统计的值分别为以上海交易所和深圳交易所分组统计的涨跌家数、主力净流入净额的汇总数,其中涨跌家数是股票个数的加总,主力净流入净额是金额的相加,所以涨跌值的汇总方式是计数,"今日主力净流入净额"值的汇总方式是求和。设置后结果如图 2-39 所示。

行标签	计数项:涨跌	求和项:今日主力净流入 净额
⊟上海证券交易所	27	553089.51
跌	2	17233.02
涨	25	535856.49
⊟深圳证券交易所	23	332068.35
跌	1	7928.75
涨	22	324139.6
总计	50	885157.86

图 2-39　按交易所分组统计的结果

(7)数据透视图的应用。

生成数据透视图,按主力净流入排列,绘制出主力净流入排名前十的股票主力资金净流入条形图。

在"插入"面板中点击"数据透视图"按钮,弹出"创建数据透视图"对话框,勾选"选择一个表或区域""新工作表",如图 2-40 所示。

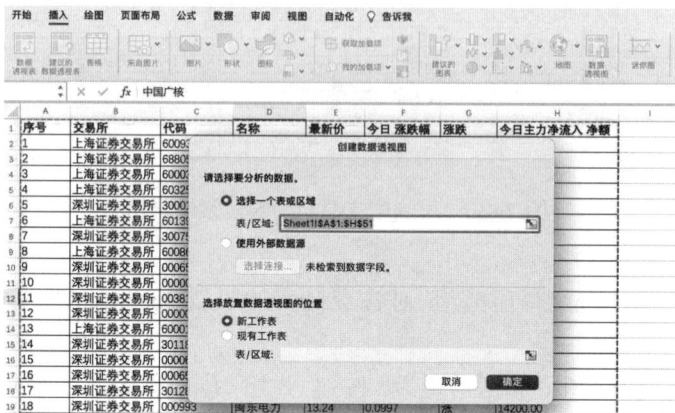

图 2-40　创建数据透视图

点击"确定",出现数据透视图界面,在"数据透视图字段"对话框中,轴(类别)选择"名称",统计的值为主力净流入净额的汇总数,如图 2-41 所示。

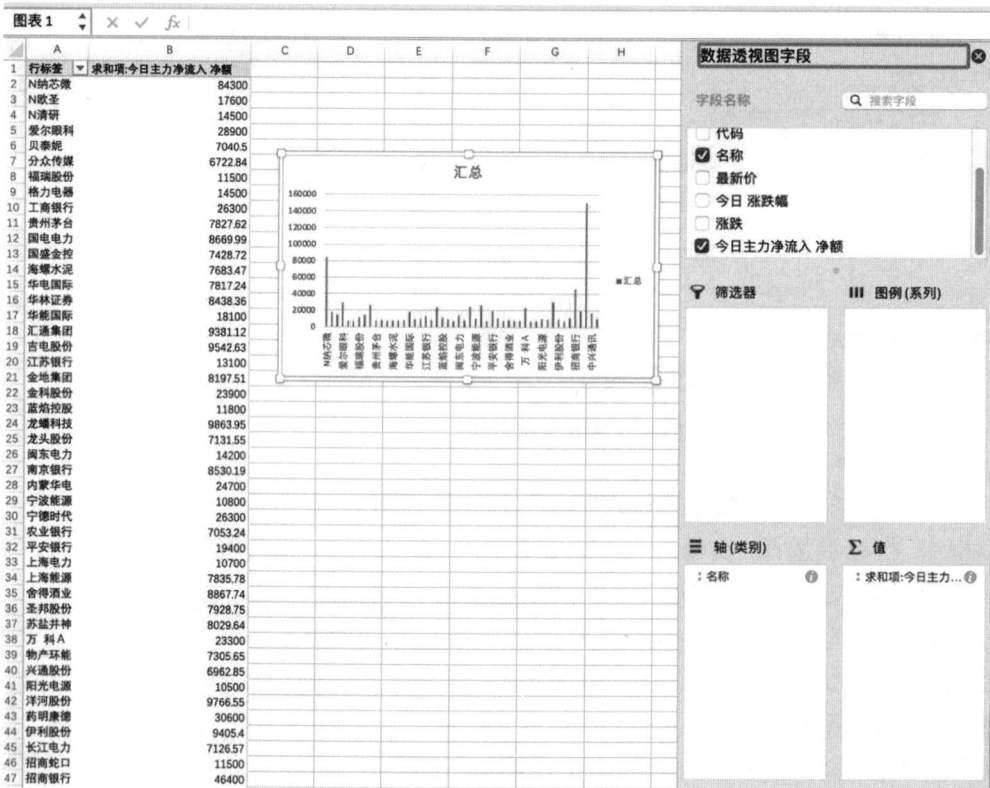

图 2-41　数据透视图界面

　　点击行标签筛选器,选择"降序"排列,排序依据选择"求和项:今日主力净流入净额",筛选器选择"按值:前10个",显示10个项目,如图2-42所示。

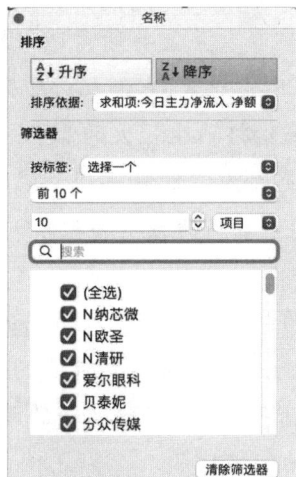

图2-42　筛选行标签

　　设置后,"今日主力净流入净额"排名前十的股票及数值显示在界面上,并按金额从高到低降序排列,相应的柱状图显示在右侧,如图2-43所示。

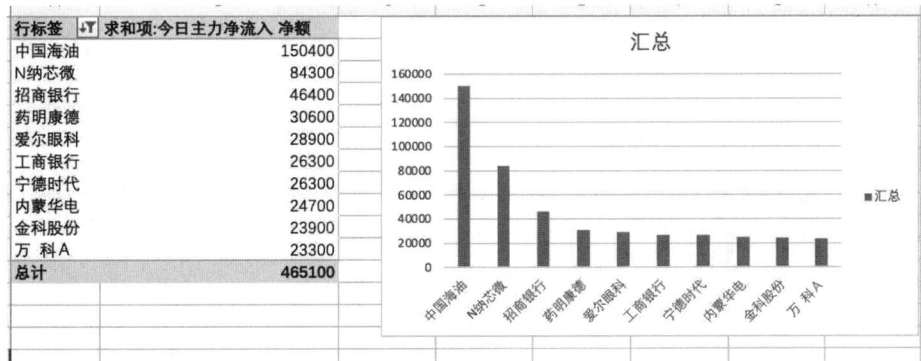

行标签	求和项:今日主力净流入 净额
中国海油	150400
N纳芯微	84300
招商银行	46400
药明康德	30600
爱尔眼科	28900
工商银行	26300
宁德时代	26300
内蒙华电	24700
金科股份	23900
万 科A	23300
总计	465100

图2-43　生成可视化图形

根据任务要求,将图形变更为条形图,如图2-44所示。

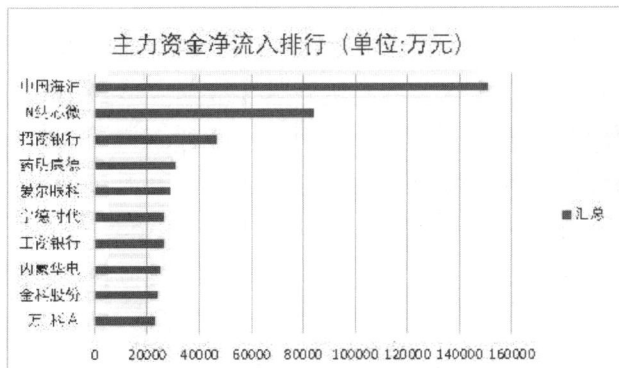

图2-44　生成条形图

【素质拓展】

主力资金对股票市场的影响

在股票市场中,主力资金扮演着至关重要的角色,因为它们对股票价格的影响至关重要。主力资金是指那些大型机构投资者,它们相对于散户投资者拥有更多的资金和更多的信息资源,因而它们会对市场价格产生较大的影响。

主力资金能影响股票价格,是因为它们具备强大的资金实力,而且它们通常会对市场的走向和股票的未来表现有较为准确的预测和判断。因此,它们成为股票市场的"巨无霸",从而影响着市场的波动。

从技术层面分析,主力资金的影响主要表现在市场的交易量和价格上。它们往往会选择在市场的低点进行大手笔的买入,从而引发市场的反弹,促使股价上涨。而在市场的高点时,它们则会选择减仓或者平仓,以获取高额的收益。这种做法的目的在于保证自身的资金安全,同时获取更多的回报。

当然,主力资金的影响远不止于此。它们还会通过影响市场的情绪和心理,进而控制市场的走向。在市场过度悲观或者乐观时,主力资金会借助各种手段引导市场的情绪走向,以实现自身利益的最大化。在这种情况下,投资者需要保持清醒和理智,避免被市场情绪所左右,从而做出错误的决策。

如何把握主力资金的影响?一方面,需要关注主力资金的交易行为,特别是当出现大量资金流入时,应该密切关注市场的波动情况。特别是在经济形势不好的时候,主力资金的流入可能意味着市场的反转,投资者需要及时认识到这一点,采取相应的投资策略。另一方面,需要保持对市场的敏锐性和灵活性,当发现市场存在虚假的信息或者情绪波动时,应及时调整投资策略,以避免被市场所牵制。

当然,主力资金不是股票市场中唯一的力量,其他因素如宏观经济、政策法规等也会对市场产生影响,这些因素之间存在相互作用,需要通过综合分析来把握市场的趋势。对于投资者而言,保持对市场的敏锐性和洞察力是非常重要的,只有这样才能把握市场机会,掌握投资决策的主动权。

总的来说,主力资金在股票市场中具有重要的影响力,可以通过多方面的手段来控制市场的走向。对投资者而言,了解其交易行为和市场情绪,保持灵活性和敏锐性,是实现交易成功的重要因素。当然,投资者在做出投资决策之前,需要对自身的风险承受能力和资金实力进行评估,以避免因投资失败而造成损失。值得注意的是,投资者在股市中的行为应该理性和谨慎,不应该盲目跟风,而是应该根据自己的投资目标、风险承受能力以及对市场的理性分析来做出投资决策。同时,也可以通过学习和了解市场的基本面和技术面,以及借助专业的投资建议来指导自己的投资行为,从而实现更加稳健的投资策略。

(资料来源:https://wenku.baidu.com/,有改动)

思考:在证券市场投资中,如何树立正确的投资理念?

任务3　金融数据统计分析

【核心概念】

1. 平均数：是反映一组数据平均水平的统计指标。常用的平均数包括简单算术平均数、加权算术平均数和几何平均数。

2. 方差：是用来衡量一组数据离其均值的分散程度的指标。它是各个数据点与均值之间差异的平方和的平均值。

3. 标准差：是方差的平方根。

4. 中位数：是指将一组数据按照从小到大的顺序排序后，处于该组数据中间位置的数值。

5. 众数：是指在一组数据中出现频次最多的数值。

6. 四分位数：是指将一组数据按照从小到大的顺序排序后，处于数据中25%和75%位次上的数值。

7. 相关系数：是用来描述两个变量之间线性相关程度的统计量，取值范围通常在 −1 到 1 之间。

8. 线性回归：是一种利用线性函数对自变量和因变量之间的关系进行建模的方法。

【学习目标】

1. 能够说出集中、离散、分布等基本统计量的概念。
2. 能够运用 Excel 对金融数据进行描述性统计分析。
3. 能够运用 Excel 对金融数据进行相关关系分析。
4. 能够运用 Excel 对金融数据进行线性回归分析。

【基本知识】

一、描述性统计分析

描述一组数据的时候，通常分三个方面描述：集中趋势、离散趋势、分布形状。通俗来说，集中趋势是描述数据集中在什么位置，离散趋势描述的是数据分散的程度，分布形状描述的是数据形状。

1. 集中趋势

描述数据的集中趋势，使用的三个常见的统计量，分别是平均数、中位数、众数。

1）平均数

（1）算术平均数。

算术平均数(arithmetic mean)是 n 个数求和后除以 n 得到的结果,广泛应用于各个领域,用于描述和分析数据的平均水平和集中趋势。公式如下:

$$\overline{x} = \frac{\left(x_1 + x_2 + x_3 + \cdots + x_{n-1} + x_n\right)}{n} = \frac{\sum_{i=1}^{n} x_i}{n}$$

Excel 求算术平均数的函数是 AVERAGE( )。

(2) 几何平均数。

几何平均数(geometric mean)就是 n 个数乘积的 n 次方根。在金融财务、投资和银行业的问题中,几何平均数的应用尤为常见。公式如下:

$$\overline{x} = \sqrt[n]{x_1 \cdot x_2 \cdot x_3 \cdots x_n} = \sqrt[n]{\prod_{i=1}^{n} x_i}$$

Excel 求几何平均数的函数是 GEOMEAN( )。

2) 中位数

中位数(median)是一组按大小顺序排列的数据中位于中间位置的数,即一半的数据小于中位数,一半的数据大于中位数。对于有序数据集,中位数是排在中间的那个数。如果数据集的数量为单数,中位数就是唯一的中间值;如果数据集的数量为偶数,中位数是中间两个值的算术平均值。有一组数据按从小到大的顺序排序 x_1, x_2, $\cdots$, x_n,计算该组数据中位数的公式如下:

当 n 为奇数时: $\qquad m = x_{(n+1)/2}$

当 n 为偶数时: $\qquad m = \frac{x_{n/2} + x_{n/2+1}}{2}$

Excel 求中位数的函数是 MEDIAN( )。

3) 众数

众数(mode)是一个数据集中出现次数最多的数值。在一个数据集中可能存在一个众数、多个众数,或者没有众数。

Excel 求众数的函数是 MODE( )。

2. 离散趋势

描述数据的离散趋势,使用的三个常见的统计量,分别是分位数、方差、标准差、变异系数。

1) 分位数

(1) 四分位数。

四分位数(quartiles)是一种用于统计数据集分布的统计量,将数据集分为四等份,每一等份包含大约 25% 的数据。四分位数有三个值,分别是第一四分位数(Q_1)、第二四分位数(Q_2,也称为中位数)和第三四分位数(Q_3)。

第一四分位数(Q_1)又称"较小四分位数",等于该样本中所有数值由小到大排列后第 25% 的数字。

第二四分位数(Q_2)又称"中位数",等于该样本中所有数值由小到大排列后第 50%

的数字。

第三四分位数(Q_3)又称"较大四分位数",等于该样本中所有数值由小到大排列后第75%的数字。

第三四分位数与第一四分位数的差距又称四分位距(inter quartile range,IQR)。四分位距可以帮助我们了解数据集中间50%数据的离散程度。

(2)极差。

极差(range)是统计学中用于描述数据集中变量的离散程度的一项指标。它是指数据集中最大值与最小值之间的差值。极差的计算公式为:

$$\text{range} = 最大值 - 最小值$$

2)方差

方差(variance)是描述一组数据分散程度的统计量。在统计学中,它是各数据点与其均值之差的平方的平均值。方差越大,表示数据点相对于均值的分散程度越高;方差越小,表示数据点相对于均值的分散程度越低。

具体而言,对于一个包含 n 个数据点的样本,其方差(样本方差)的计算公式如下:

$$\text{VAR}(x) = \frac{\sum_{i=1}^{n}(x_i - \overline{x})^2}{n-1}$$

其中:x_i 代表第 i 个数据点,$\overline{x}$ 代表这组数据的均值,n 代表数据点的数量。

总体方差的计算公式稍有不同,对于一个包含 N 个数据点的总体,其总体方差的计算公式如下:

$$\text{VAR}(x) = \frac{\sum_{i=1}^{N}(x_i - \mu)^2}{N}$$

其中:x_i 代表第 i 个数据点,μ 代表总体的均值,N 代表数据点的数量。

方差是统计学中非常重要的一个概念,它在许多领域中都有着广泛的应用,比如在数据分析、机器学习、金融等领域。方差用于衡量数据集中各数据点相对于均值的分散程度。方差越大,数据点相对于均值的分散程度越高,反之则越低。在金融领域,方差被用作衡量资产价格波动性的指标。一个资产的高方差可能意味着其价格波动幅度较大,因此投资者可能面临较高的风险。

Excel 求方差的函数:VAR( )。

3)标准差

标准差(standard deviation)是方差的平方根,用于描述一组数据的离散程度或分散程度。标准差是一种常用的衡量数据分散程度的方式,它具有与原始数据相同的量纲。具体而言,对于一个包含 n 个数据点的样本,其标准差的计算公式如下:

$$\text{SD}(x) = \sqrt{\text{VAR}(x)} = \sqrt{\frac{\sum_{i=1}^{n}(x_i - \overline{x})^2}{n-1}}$$

其中：x_i 代表第 i 个数据点，$\bar{x}$ 代表这组数据的均值，n 代表数据点的数量。

对于一个包含 N 个数据点的总体，其总体标准差的计算公式如下：

$$\mathrm{SD}(x) = \sqrt{\mathrm{VAR}(x)} = \sqrt{\frac{\sum_{i=1}^{N}(x_i - \mu)^2}{N}}$$

其中：x_i 代表第 i 个数据点，μ 代表总体的均值，N 代表数据点的数量。

标准差越大，表示数据点相对于均值的分散程度越高；标准差越小，表示数据点相对于均值的分散程度越低。

Excel 求标准差的函数：STDEV( )。

4）变异系数

变异系数（coefficient of variation，CV）是描述数据相对离散程度的一种统计量，它用于比较不同数据集或变量之间的相对变异程度。当需要比较两组数据离散程度大小时，如果两组数据的测量尺度相差太大，直接使用标准差来进行比较不合适，此时需利用变异系数来比较它们的离散程度。变异系数是标准差与均值之比，通常用百分数表示：

$$\mathrm{CV} = \left(\frac{\sigma}{\mu}\right)$$

在金融领域，变异系数用于比较不同投资组合或资产的风险相对于预期收益的比例。需要注意的是，变异系数只适用于连续型变量，且要求变量的均值大于零，否则分母为零会导致计算不可行。同时，当均值接近零时，变异系数可能会变得不稳定，不适合作为衡量变量变异程度的指标。

Excel 求变异系数的公式为：STDEV( )/AVERAGE( )。

3. 分布形状

1）偏度

偏度（skewness）系数是对分布偏斜程度的测度，通常用 SK 表示。偏度衡量随机亦是概率分布的不对称性，是相对于平均值不对称程度的度量。

当偏度系数为正值时，表示正偏离差数值较大，可以判断为正偏态或右偏态；反之，当偏度系数为负值时，表示负偏离差数值较大，可以判断为负偏态或左偏态。偏度系数的绝对值越大，表示偏斜的程度就越大。

Excel 求偏度的函数：SKEW( )。

2）峰度

峰度（kurtosis）描述的是分布集中趋势高峰的形态，通常与标准正态分布相比较。在归化到同一方差时，若分布的形状比标准正态分布更"瘦"、更"高"，则称为尖峰分布；若比标准正态分布更"矮"、更"胖"，则称为平峰分布。由于标准正态分布的峰度系数为 0，所以当峰度系数大于 0 时为尖峰分布，当峰度系数小于 0 时为平峰分布。

Excel 求峰度的函数：KURT( )。

二、相关性分析

相关关系(correlation)指的是两个或多个变量之间存在着某种形式的关联或联系。根据变量依存的方向,相关关系可分为正相关和负相关。其中正相关是指两个变量同方向变动,一个增大另一个也增大;而负相关则指两个变量呈反方向变动,一个增大另一个减小。根据变量间的相关是否具有线性,相关关系分为线性相关和非线性相关。有变量 X 和 Y,二者之间的相关系数计算公式如下:

$$\rho = \frac{\sum \left[\left(X_i - \bar{X} \right) \left(Y_i - \bar{Y} \right) \right]}{\sqrt{\sum \left(X_i - \bar{X} \right)^2 \sum \left(Y_i - \bar{Y} \right)^2}} = \frac{\mathrm{COV}\left(X_i - Y_i \right)}{\sigma_X \sigma_Y}$$

其中: ρ 代表相关系数, $\bar{X}$ 和 $\bar{Y}$ 是样本的平均值, $\mathrm{COV}(X_i, Y_i)$ 代表协议差, σ_X 和 σ_Y 是标准差。

ρ 的取值为 $-1 \sim 1$。如果 $\rho > 0$,表示 X 和 Y 之间存在正相关关系;如果 $\rho = 1$,表示两变量完全正相关。如果 $\rho < 0$,表示两者之间存在负相关关系;其中 $\rho = -1$ 说明两变量完全负相关。如果 $\rho = 0$,表示两者不相关。

Excel 求相关系数的函数: CORREL(array1,array2)。

三、线性回归分析

线性回归(linear regression)是一种用于建立自变量与一个或多个因变量之间线性关系的统计模型。它假设自变量与因变量之间存在一个线性关系,即可以通过一条直线(或在多维情况下是一个超平面)来描述。线性回归的基本模型可以表示为:

$$Y = \beta_0 + \beta_1 X_1 + \beta_2 X_2 + \cdots + \beta_n X_n + \varepsilon$$

其中: Y 是因变量; $X_1, X_2, \cdots, X_n$ 是自变量; $\beta_0, \beta_1, \cdots, \beta_n$ 是模型的系数(也称为回归系数或斜率); ε 是误差项,代表了模型无法解释的随机误差。

【任务实施】

Excel 提供了各种函数帮助人们完成各种不同的统计分析,下面通过具体的实训任务来讲解如何使用 Excel 进行数据统计分析。

【任务场景 2-5】运用 Excel 计算平均值

以下是某股票 2022 年 1 月至 12 月的价格信息,为了解股票全年的收益率情况,现需要计算该股票全年的平均收益率。

根据股票价格的原始数据,计算每个月的收益率,计算公式为:当月股票价格／上月股票价格 -1。在单元格 C3 中输入公式"=B3/B2-1",如图 2-45 所示。然后利用 Excel 的自动填充功能,计算其他月份的收益率,如图 2-46 所示。

	A	B	C	D	E
1	月份	股票价格	月收益率	复利	
2	1月	75.19			
3	2月	69.42	=B3/B2-1		
4	3月	60.87			
5	4月	66.16			
6	5月	63.71			
7	6月	64.40			
8	7月	68.90			
9	8月	69.62			
10	9月	70.06			
11	10月	71.63			
12	11月	83.83			
13	12月	80.78			
14	算术平均收益率				
15	几何平均收益率				
16					

图 2-45　计算月收益率公式

	A	B	C	D	E
1	月份	股票价格	月收益率	复利	
2	1月	75.19			
3	2月	69.42	-7.67%		
4	3月	60.87	-12.32%		
5	4月	66.16	8.69%		
6	5月	63.71	-3.70%		
7	6月	64.40	1.08%		
8	7月	68.90	6.99%		
9	8月	69.62	1.04%		
10	9月	70.06	0.63%		
11	10月	71.63	2.24%		
12	11月	83.83	17.03%		
13	12月	80.78	-3.64%		
14	算术平均收益率				
15	几何平均收益率				
16					

图 2-46　计算个股月收益率

计算算术平均收益率。在单元格 C14 中输入函数“=AVERAGE(C3:C13)”，其中参数 number1,number2,…表示需要计算平均值的参数，如图 2-47 所示。计算出的算术平均值为 0.94%，即该股票 2022 年月均收益率为 0.94%，如图 2-48 所示。

AVERAGE　✕ ✓ fx　=AVERAGE(C3:C13)

AVERAGE(number1, [number2], .

	A	B	C	D
1	月份	股票价格	月收益率	复利
2	1月	75.19		
3	2月	69.42	-7.67%	
4	3月	60.87	-12.32%	
5	4月	66.16	8.69%	
6	5月	63.71	-3.70%	
7	6月	64.40	1.08%	
8	7月	68.90	6.99%	
9	8月	69.62	1.04%	
10	9月	70.06	0.63%	
11	10月	71.63	2.24%	
12	11月	83.83	17.03%	
13	12月	80.78	-3.64%	
14	算术:		=AVERAGE(C3:C13)	
15	几何平均收益率			
16				

图 2-47　计算算术平均值公式

	A	B	C	D	E
1	月份	股票价格	月收益率	复利	
2	1月	75.19			
3	2月	69.42	-7.67%		
4	3月	60.87	-12.32%		
5	4月	66.16	8.69%		
6	5月	63.71	-3.70%		
7	6月	64.40	1.08%		
8	7月	68.90	6.99%		
9	8月	69.62	1.04%		
10	9月	70.06	0.63%		
11	10月	71.63	2.24%		
12	11月	83.83	17.03%		
13	12月	80.78	-3.64%		
14	算术平均收益率		0.94%		
15	几何平均收益率				
16					

图 2-48　计算算术平均收益率

在实际的投资项目中，收益率通常需要计算复利，使用算术平均值无法体现复利，用几何平均值就可以计算复利。下面我们运用几何平均来计算该股票的平均收益率。

计算复利。在单元格 D3 中输入函数“1+C3”，如图 2-49 所示。然后运用 Excel 的自动填充功能，计算其他月份的复利，如图 2-50 所示。

	A	B	C	D	E
1	月份	股票价格	月收益率	复利	
2	1月	75.19			
3	2月	69.42	-7.67%	=1+C3	
4	3月	60.87	-12.32%		
5	4月	66.16	8.69%		
6	5月	63.71	-3.70%		
7	6月	64.40	1.08%		
8	7月	68.90	6.99%		
9	8月	69.62	1.04%		
10	9月	70.06	0.63%		
11	10月	71.63	2.24%		
12	11月	83.83	17.03%		
13	12月	80.78	-3.64%		
14	算术平均收益率		0.94%		
15	几何平均收益率				
16					

图 2-49　计算复利公式

	A	B	C	D	E
1	月份	股票价格	月收益率	复利	
2	1月	75.19			
3	2月	69.42	-7.67%	92.33%	
4	3月	60.87	-12.32%	87.68%	
5	4月	66.16	8.69%	108.69%	
6	5月	63.71	-3.70%	96.30%	
7	6月	64.40	1.08%	101.08%	
8	7月	68.90	6.99%	106.99%	
9	8月	69.62	1.04%	101.04%	
10	9月	70.06	0.63%	100.63%	
11	10月	71.63	2.24%	102.24%	
12	11月	83.83	17.03%	117.03%	
13	12月	80.78	-3.64%	96.36%	
14	算术平均收益率		0.94%		
15	几何平均收益率				
16					

图 2-50　计算复利收益率

计算几何平均收益率。在单元格 D15 中输入函数“=GEOMEAN(D3:D13)-1”，其中参数 number1,number2,…表示需要计算平均值的参数，在使用这个函数时要确保提供的参数都是正数，因为几何平均值只适用于正数，如图 2-51 所示。计算出的几何平均值为 0.65%，即该股票 2022 年平均月复利收益率为 0.65%，如图 2-52 所示。

GEOMEAN　×　✓　fx　=GEOMEAN(D3:D13)-1

	A	B	C	D	E
1	月份	股票价格	月收益率	复利	
2	1月	75.19			
3	2月	69.42	-7.67%	92.33%	
4	3月	60.87	-12.32%	87.68%	
5	4月	66.16	8.69%	108.69%	
6	5月	63.71	-3.70%	96.30%	
7	6月	64.40	1.08%	101.08%	
8	7月	68.90	6.99%	106.99%	
9	8月	69.62	1.04%	101.04%	
10	9月	70.06	0.63%	100.63%	
11	10月	71.63	2.24%	102.24%	
12	11月	83.83	17.03%	117.03%	
13	12月	80.78	-3.64%	96.36%	
14	算术平均收益率		0.94%		
15	几何平均收益率		=GEOMEAN(D3:D13)-1		

图 2-51　计算几何平均值公式

	A	B	C	D	E
1	月份	股票价格	月收益率	复利	
2	1月	75.19			
3	2月	69.42	-7.67%	92.33%	
4	3月	60.87	-12.32%	87.68%	
5	4月	66.16	8.69%	108.69%	
6	5月	63.71	-3.70%	96.30%	
7	6月	64.40	1.08%	101.08%	
8	7月	68.90	6.99%	106.99%	
9	8月	69.62	1.04%	101.04%	
10	9月	70.06	0.63%	100.63%	
11	10月	71.63	2.24%	102.24%	
12	11月	83.83	17.03%	117.03%	
13	12月	80.78	-3.64%	96.36%	
14	算术平均收益率		0.94%		
15	几何平均收益率			0.65%	
16					

图 2-52　计算个股复利收益率

【任务场景 2-6】运用 Excel 计算方差和标准差

投资顾问小刘在评估白糖和玉米两种期货产品风险水平，他收集到了 2022 年这两个期货品种的价格和涨跌幅信息，运用方差和标准差两个统计指标来衡量这两个期货品种的风险水平。

计算白糖期货的方差和标准差。在单元格 C14 中输入函数“VAR(C3:C13)”，其中参数为白糖期货的涨跌幅，如图 2-53 所示。在单元格 C15 中输入函数“STDEV(C3:C13)”，其中参数为白糖期货的涨跌幅，如图 2-54 所示。

	A	B	C	D	E	F
1	时间	SR主力连续	SR涨跌幅	C主力连续	C涨跌幅	
2	2022/01	5706		2763		
3	2022/02	5696	-0.18%	2856	3.37%	
4	2022/03	5799	1.81%	2840	-0.56%	
5	2022/04	5876	1.33%	3044	7.18%	
6	2022/05	6088	3.61%	2935	-3.58%	
7	2022/06	5842	-4.04%	2780	-5.28%	
8	2022/07	5805	-0.63%	2670	-3.96%	
9	2022/08	5532	-4.70%	2797	4.76%	
10	2022/09	5442	-1.63%	2773	-0.86%	
11	2022/10	5511	1.27%	2885	4.04%	
12	2022/11	5524	0.24%	2908	0.80%	
13	2022/12	5783	4.69%	2824	-2.89%	
14	方差	=VAR（C3:C13)				
15	标准差					
16						

图 2-53　计算白糖期货的方差

	A	B	C	D	E	F
1	时间	SR主力连续	SR涨跌幅	C主力连续	C涨跌幅	
2	2022/01	5706		2763		
3	2022/02	5696	-0.18%	2856	3.37%	
4	2022/03	5799	1.81%	2840	-0.56%	
5	2022/04	5876	1.33%	3044	7.18%	
6	2022/05	6088	3.61%	2935	-3.58%	
7	2022/06	5842	-4.04%	2780	-5.28%	
8	2022/07	5805	-0.63%	2670	-3.96%	
9	2022/08	5532	-4.70%	2797	4.76%	
10	2022/09	5442	-1.63%	2773	-0.86%	
11	2022/10	5511	1.27%	2885	4.04%	
12	2022/11	5524	0.24%	2908	0.80%	
13	2022/12	5783	4.69%	2824	-2.89%	
14	方差		0.08%			
15	标准差	=STDEV（C3:C13)				
16						

图 2-54　计算白糖期货的标准差

按照同样的方法，计算出玉米品种的方差和标准差，如图 2-55 所示。根据 2022 年数据的计算结果，玉米期货的方差和标准差均高于白糖期货，说明两者对比，玉米期货的波动性更大一些。

时间	SR主力连续	SR涨跌幅	C主力连续	C涨跌幅
2022/01	5706		2763	
2022/02	5696	-0.18%	2856	3.37%
2022/03	5799	1.81%	2840	-0.56%
2022/04	5876	1.33%	3044	7.18%
2022/05	6088	3.61%	2935	-3.58%
2022/06	5842	-4.04%	2780	-5.28%
2022/07	5805	-0.63%	2670	-3.96%
2022/08	5532	-4.70%	2797	4.76%
2022/09	5442	-1.63%	2773	-0.86%
2022/10	5511	1.27%	2885	4.04%
2022/11	5524	0.24%	2908	0.80%
2022/12	5783	4.69%	2824	-2.89%
方差		0.08%		0.17%
标准差		2.88%		4.09%

图 2-55　计算玉米期货的方差和标准差

【任务场景 2-7】运用 Excel 计算众数、中位数和四分位数

某银行的信贷专员小李要了解客户的贷款期限及年龄分布情况,他接收到了客户的 ID、年龄以及他们所申请的贷款期限的数据,他将运用众数、中位数和四分位数偏度等统计量来分析。

计算众数。在单元格 C102 中输入函数"=MODE(C2:C101)",如图 2-56 所示。得到贷款期限的众数为 20,如图 2-57 所示。从结果可知,20 年的期限在贷款期限中出现的频率最高,说明在这些数据中,20 年的贷款期限是最常见的选择。

	A	B	C	D
1	序号	客户ID	贷款期限	
91	90	10764291	30	
92	91	10782997	30	
93	92	10794386	30	
94	93	10799560	30	
95	94	10815254	30	
96	95	10817234	30	
97	96	10817134	30	
98	97	10821384	20	
99	98	10831392	25	
100	99	10846785	15	
101	100	10889733	30	
102	众数=MODE(C2:C101)			
103				

图 2-56 计算众数公式

	A	B	C	D
1	序号	客户ID	贷款期限	
91	90	10764291	30	
92	91	10782997	30	
93	92	10794386	30	
94	93	10799560	30	
95	94	10815254	30	
96	95	10817234	30	
97	96	10817134	30	
98	97	10821384	20	
99	98	10831392	25	
100	99	10846785	15	
101	100	10889733	30	
102	众数		20	
103				

图 2-57 计算贷款期限众数

计算中位数。在单元格 C102 中输入函数"=MEDIAN(C2:C101)",如图 2-58 所示。得到年龄的中位数为 42.5,如图 2-59 所示。从结果可看出,在这 100 名客户中,42.5 岁是客户年龄的中间水平,也就是说,有 50 名客户的年龄大于 42.5 岁,有 50 名客户的年龄小于 42.5 岁。

	A	B	C	D
1	序号	客户ID	年龄	
91	90	10764291	29	
92	91	10782997	66	
93	92	10794386	30	
94	93	10799560	29	
95	94	10815254	17	
96	95	10817234	50	
97	96	10817134	57	
98	97	10821384	65	
99	98	10831392	44	
100	99	10846785	23	
101	100	10889733	17	
102	中位数 =MEDIAN(C2:C101)			
103				

图 2-58 计算中位数公式

	A	B	C	D
1	序号	客户ID	年龄	
91	90	10764291	29	
92	91	10782997	66	
93	92	10794386	30	
94	93	10799560	29	
95	94	10815254	17	
96	95	10817234	50	
97	96	10817134	57	
98	97	10821384	65	
99	98	10831392	44	
100	99	10846785	23	
101	100	10889733	17	
102	中位数		42.5	
103				

图 2-59 计算客户年龄的中位数

计算四分位数。分别计算出低四分位数 Q_1、中四分位数 Q_2、高四分位数 Q_3。在单元格 C102 中输入函数"=QUARTILE(C2:C101,1)",如图 2-60 所示。在单元格 C103 中输入函数"=QUARTILE(C2:C101,2)",在单元格 C104 中输入函数"=QUARTILE(C2:C101,3)",分别得到 Q_1、Q_2、Q_3 的值,如图 2-61 所示。

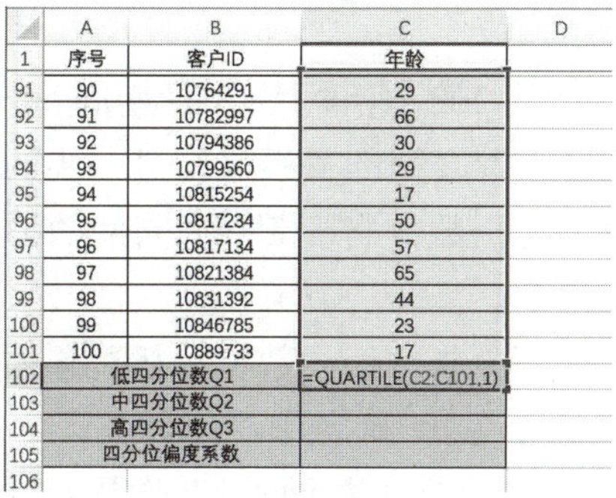

图 2-60　计算四分位数公式

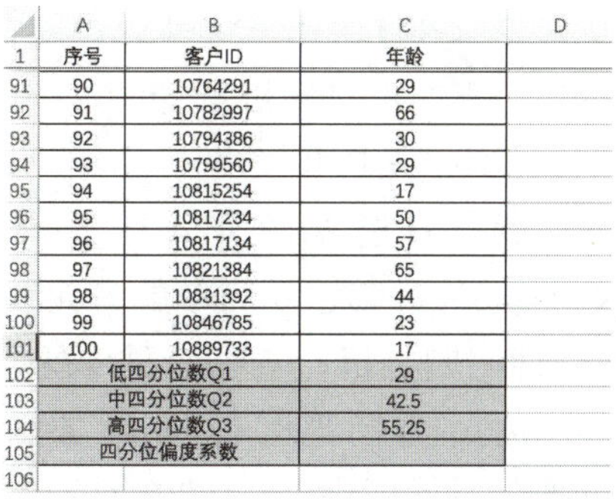

图 2-61　分别计算出 Q_1、Q_2、Q_3

计算四分位偏度系数。在单元格 C105 中输入公式"=(C102+C104−2*C103)/(C104−C102)",计算四分位数的偏度,结果如图 2-62 所示。

以上的统计结果显示,在这 100 位客户中,有 25% 的客户年龄小于等于 29 岁,有 25% 的客户年龄大于等于 55.25 岁,中间值为 42.5 岁。

四分位偏度系数为 −0.0286,此结果接近于 0,表明数据分布相对对称,客户的年龄分布没有明显的偏斜,分布比较均匀。

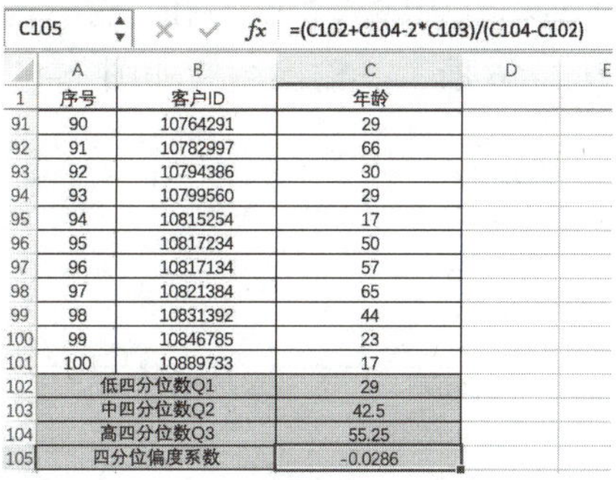

图 2-62　计算四分位偏度系数

【任务场景 2-8】运用 Excel 进行相关性分析

期货公司的投资顾问小刘正在撰写一份期货投资策略报告,需要分析美元指数与上海期货交易所的黄金期货价格之间的关系,他获取到了 2023 年 3 月 1 日至 2023 年 4 月 18 日的美元指数和沪金期货价格的信息,接下来运用 Excel 计算二者间的相关系数。

计算相关系数。在单元格 B29 中输入公式"=CORREL(B3:B28,C3:C28)",CORREL 函数的参数为 array1 和 array2 两列数据,两列数据间用逗号",”隔开,且两列数据的个数要相同,如图 2-63 所示。

计算出的相关系数为 −0.865,如图 2-64 所示。这表明在这段时间内美元指数与沪金期货价格呈现出强烈的负相关,这意味着当美元指数下降时,沪金期货价格往往会上涨,反之则下降。

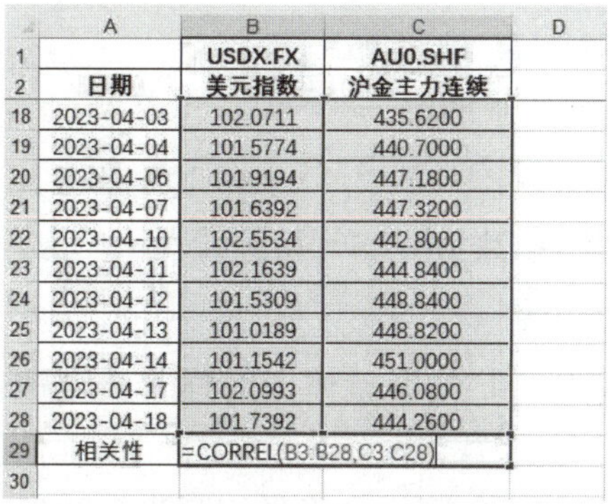

图 2-63　计算相关系数公式

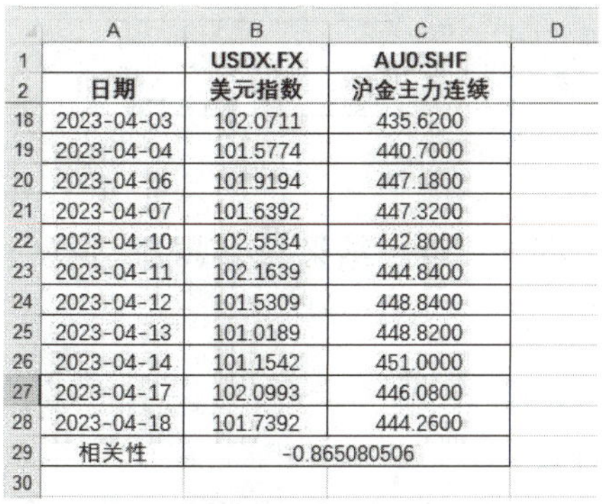

图 2-64　计算美元指数与沪金期货价格相关性

【任务场景 2-9】运用 Excel 进行线性回归分析

从任务场景 2-8 的分析得知 2023 年 3 月 1 日至 2023 年 4 月 18 日期间,美元指数和沪金期货价格呈强负相关关系,运用回归分析对二者之间的关系进行进一步的分析。以 2023 年 3 月 1 日至 2023 年 4 月 18 日期间的美元指数为自变量(X),同期的沪金期货价格为因变量(Y),对其建立简单的一元线性回归模型。

一元线性回归分析。选择工具中的"数据"—"分析"—"数据分析"选项,在"数据分析"对话框中选择"回归"选项,如图 2-65 所示,点击"确定"。

在"回归"对话框中,点击"输入"—"Y 值输入区域"的折叠按钮,选择 C3:C28 单元格;点击"输入"—"X 值输入区域"的折叠按钮,选择 B3:B28 单元格;勾选"置信度",在文本框中输入"95";在"输出选项"中选择结果输出的区域或者选择新工作表组,如图 2-66 所示。输出结果如图 2-67 所示。

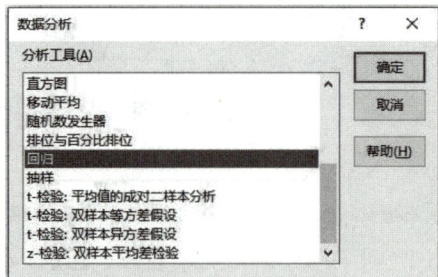

图 2-65　选择回归分析

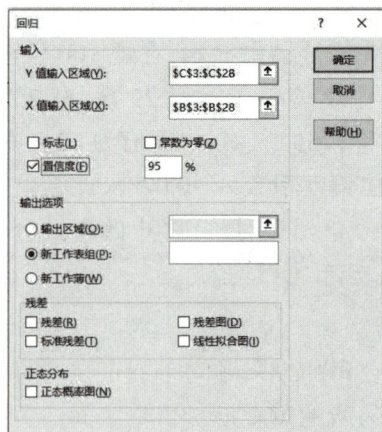

图 2-66　回归分析对话框

图 2-67　回归分析结果

根据上述输出结果,模型的截距为 1197.02,回归系数为 –7.39,得到线性回归方程为:

$$Y = 1197.02 - 7.39X$$

可决系数 R^2 等于 0.75,说明所建立的一元线性回归模型整体上对样本数据拟合效果较好。

回归系数为 –7.39,说明美元指数每上涨 1 个点,沪金期货价格平均减少 7.39 元。

【素质拓展】

数字中国建设成就

据悉,党的十八大以来,"数字中国"建设取得的显著成就,主要体现在以下几个方面:

一是数字基础设施实现跨越发展。移动通信技术从"3G 突破""4G 同步"到"5G 引领",4G 基站占全球一半以上,5G 基站达 185.4 万个,5G 移动用户数超 4.5 亿户,所有地级市都全面建成光网城市,行政村实现宽带网络全覆盖,算力规模全球排名第二,IPv6 活跃用户数近 7 亿户。

二是数据资源价值加速释放。从 2017 年—2021 年,我国数据产量从 2.3 ZB 增加到 6.6 ZB,位居世界第二。大数据产业规模从 4700 亿元增加到 1.3 万亿元,省级公共数据开放平台的有效数据集增加至近 25 万个。

三是数字经济规模全球领先。我国 2021 年数字经济规模是 2012 年的 4 倍多,占国内生产总值的比重达到 39.8%。规模以上电子信息制造业营收和软件业务收入是 2012 年的 1.7 倍和 3.8 倍。各领域数字化转型加速推进,为实体经济提质增效提供了有力支撑。

四是数字政府治理服务效能显著提升。我国的电子政务在线服务指数全球排名跃升至第 9 位,"掌上办""指尖办"已经成为各地政务服务的标配,"一网通办""跨省通办"取得积极进展,数字抗疫加速推动数据的互通共享。健康码的普及使用达到前所未有的程度,安全稳定性能大幅提升。2022 年以来,各地健康码系统的承载能力平均提升了 7 倍。

五是数字便民利民惠民服务加快普及。党的十八大以来,我国的网民规模从 5.6 亿增加到 10.32 亿,互联网普及率达到 73%,建成了全球规模最大的线上教育平台和全国统一的医保信息平台,远程医疗覆盖超过全国 90% 的县区。网络扶贫行动助力打赢脱贫攻坚战,数字乡村建设稳步推进,城乡居民共享数字化的发展成果。

党的十八大以来,我国数字经济发展势头强劲。我国数字经济规模连续多年稳居世界第二,从 2012 年的 11 万亿元增长到 2021 年的 45.5 万亿元,占 GDP 比重由 21.6% 提升到 39.8%,电商交易额、移动支付交易规模全球第一,数字产业化基础更加坚实,产业数字化步伐持续加快。

日新月异的信息革命与中华民族伟大复兴进程历史性交汇,"数字中国"的建设势必将为改革开放和社会主义现代化建设注入强大动能。

(资料来源:https://gov.sohu.com/a/584537702_99928473,有改动)

思考:"数字中国"的建设内涵包括哪些方面?

任务 4　金融数据可视化图形

【核心概念】

1. 比较类图形:是用于展示数据之间关系、差异或相似性的一类图表,它们可以直观地比较不同类别或组之间的数据。

2. 占比类图形：用于显示不同部分相对于整体的比例关系。

3. 趋势类图形：用于展示数据随着时间或其他连续变量的变化而呈现的趋势或模式。

4. 分布类图形：用于显示数据的分布情况，可以帮助我们了解数据的集中趋势、变异程度以及可能的异常值。

【学习目标】

1. 能够描述可视化图形的基本类型。
2. 能够运用 Excel 正确绘制比较类图形。
3. 能够运用 Excel 正确绘制占比类图形。
4. 能够运用 Excel 正确绘制趋势类图形。
5. 能够运用 Excel 正确绘制分布类图形。

【基本知识】

一、比较类图形

比较类图形有助于直观地比较不同类别或组之间的数据，从而帮助人们快速理解数据的关系、趋势和差异。以下是一些常见的比较类图形：

（1）柱状图：是一种用矩形条形来展示数据的图表类型，它通常用于比较不同类别或组之间的数据值，以便直观地展示它们之间的差异或关系。常见的柱状图有簇状柱状图、条形图、堆叠柱状图。

（2）词云图：是一种用于直观展示文字数据中关键词频率的可视化工具。它通过将关键词按照其出现频率或权重进行排列，然后以不同的字体大小或颜色显示在图表中，使得频率较高的关键词更加突出。

（3）雷达图：又称蜘蛛网图或星形图，是一种用于显示多个变量或维度之间关系的数据可视化图表。

二、占比类图形

占比类图形有助于强调各部分在整体中的相对重要性，从而使人们能够更清晰地理解各个部分之间的相对大小或比例关系。以下是一些常见的占比类图形：

（1）饼状图：是最常用的占比类图形之一，用于将一个整体分成若干个部分，每个部分的大小表示其所占比例，适用于显示各部分相对于整体的比例关系。

（2）环形图：类似于饼状图，但环形图在中间留有一个空洞，可以用来显示更多的信息，例如总数或其他指标。

（3）堆叠面积图：是一种用于展示多个数据系列在不同类别或时间段上的累计总量的图表类型。

(4)矩形树图:是一种用矩形的面积来直观表示层次结构数据的可视化图表,通过不同矩形的大小和颜色反映数据的相对重要性或占比。

三、趋势类图形

趋势类图形有助于人们识别数据中的变化趋势、周期性变化或其他模式,从而帮助人们做出相应的分析和决策。以下是一些常见的趋势类图形:

(1)折线图:用于显示随着时间变化的趋势或连续性数据,适合展示变量的变化趋势和趋势的方向。

(2)散点图:用于显示两个变量之间的关系,以便探索它们之间的相关性,可以在图上标记趋势线,以显示变量之间的整体趋势。

(3)K线图:是一种用于展示金融市场价格走势的图表类型,主要用于股票、期货等交易市场。

四、分布类图形

分布类图形有助于直观地展示数据的分布、集中趋势、变异程度等特征,帮助人们更全面地理解数据的整体情况。以下是一些常见的分布类图形:

(1)直方图:用于显示数据的分布情况,将数据分成若干个区间,并统计每个区间内数据的频数或频率,可以用于了解数据集的分布特征,如对称性、偏态等。

(2)箱线图:用于展示数据的分布情况,包括中位数、四分位数和离群值等,可以用于比较多组数据的分布情况,以及检测异常值。

(3)概率密度图:用于估计数据的概率密度函数,可以用于观察数据的分布形态,如正态分布、偏态分布等。

【任务实施】

【任务场景 2-10】运用 Excel 绘制柱状图

根据 2018 年至 2022 年三大产业增加值的数据(见图 2-68)绘制出堆积柱形图。堆积柱形图也叫堆叠柱状图,它将各个类别的数值叠加在一起,整体柱状的高度代表总数,每个子部分的高度代表其占比。

	时间	第一产业增加值(亿元)	第二产业增加值(亿元)	第三产业增加值(亿元)	E
2	2018年	64745.2	364835.2	489700.8	
3	2019年	70473.6	380670.6	535371	
4	2020年	78030.9	383562.4	551973.7	
5	2021年	83216.5	451544.1	614476.4	
6	2022年	88345.1	483164.5	638697.6	
7					
8					

图 2-68 2018—2022 年三大产业增加值(数据来源:国家统计局官网)

选定数据区域,选择工具中的"插入"—"堆积柱形图",如图 2-69 所示。生成堆积柱形图,以年份为横坐标,以三大产业增加值为纵坐标,如图 2-70 所示。

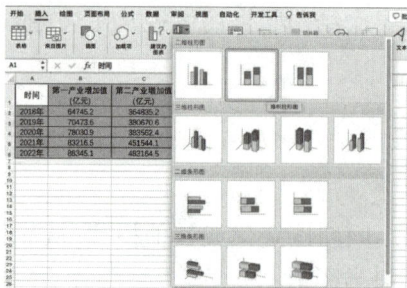

图 2-69　插入堆积柱形图

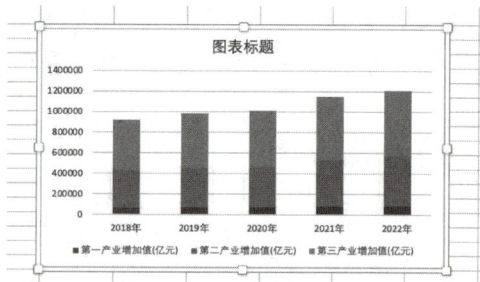

图 2-70　生成堆积柱形图

选中柱形图上的柱子,点击鼠标右键,选择"添加数据标签",如图 2-71 所示,添加图表标题为"2018-2022 年三大产业增加值柱状图",绘制的图形如图 2-72 所示。

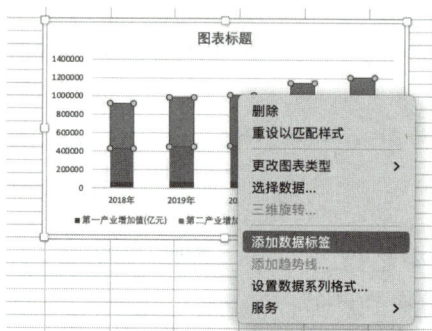

图 2-71　添加数据标签

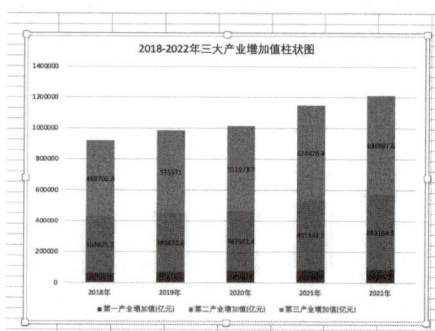

图 2-72　2018—2022 年三大产业增加值柱形图

通过以上三大产业增加值的堆积柱形图,可以观察到 2018 年至 2022 年三大产业增加值的占比情况,同时可以观察到三大产业增加值的总和,即 GDP 总量在逐年增加。

【任务场景 2-11】运用 Excel 绘制饼状图

根据 2022 年三大产业增加值的数据绘制饼状图,数据如图 2-73 所示。

时间	第一产业增加值(亿元)	第二产业增加值(亿元)	第三产业增加值(亿元)
2022年	88345.1	483164.5	638697.6

图 2-73　2022 年三大产业增加值（数据来源：国家统计局官网）

选定数据区域,选择工具中的"插入"—"饼图",如图 2-74 所示。生成饼图,三大产业增加值分别用不同的颜色表示,如图 2-75 所示。

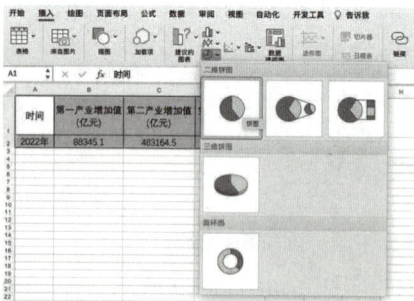

图 2-74　插入饼图

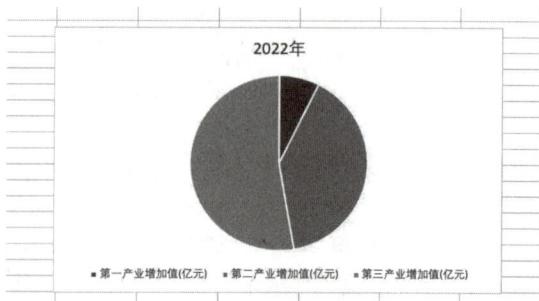

图 2-75　生成饼图

为了更详细地了解各产业增加值的占比情况,在饼图的每个扇形区域添加数据标签,点击鼠标右键,选择"添加数据标签",如图2-76所示。

标签显示的是绝对值,不便于直观地了解三大产业的占比情况,因此需要将标签改为百分比显示。点击鼠标右键,在列表中选择"设置数据标签格式",如图2-77所示。在"设置数据标签格式"对话框中勾选"百分比",标签即改成百分比数值显示,如图2-78所示。将标题的名称改为"2022年三大产业增加值占比图",绘制的图形如图2-79所示。

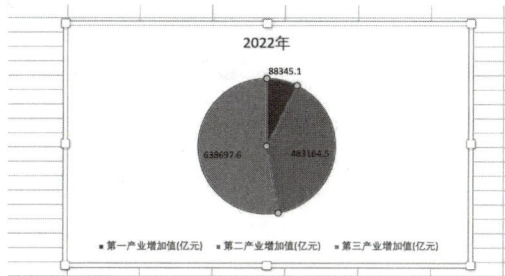

图 2-76　添加数据标签

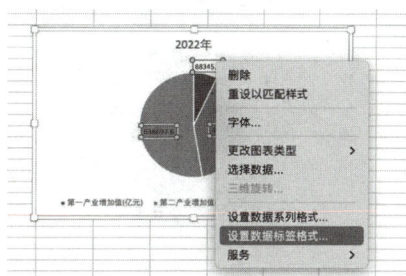

图 2-77　设置数据标签格式

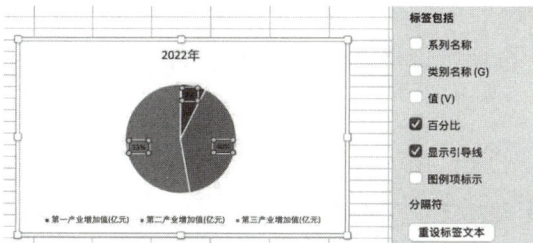

图 2-78　设置数据标签格式

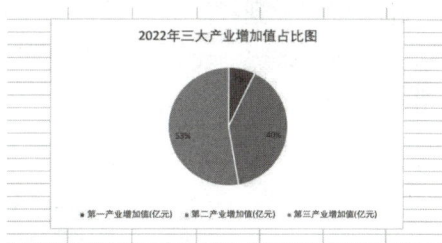

图 2-79　2022 年三大产业增加值占比图

通过以上饼图,可以观察到2022年三大产业增加值的占比情况。第三产业增加值最高,占比高达53%,第二产业增加值占比为40%,第一产业增加值占比为7%。

【任务场景 2-12】运用 Excel 绘制折线图

根据任务场景2-8的数据绘制折线图,将美元指数和沪金期货价格的变化趋势展示在同一个图表中。

选定数据区域,选择工具中的"插入"—"折线图",如图2-80所示。生成双折图,以日期为横坐标,以价格为纵坐标,其中橙色线代表沪金期货价格走势,蓝色线代表美元指数走势,如图2-81所示。

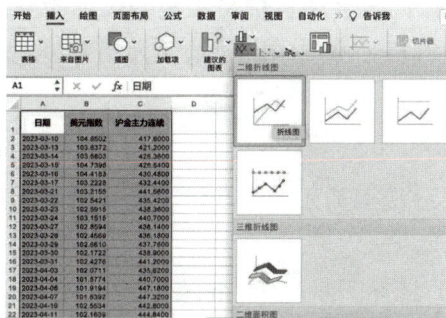

图 2-80　插入折线图

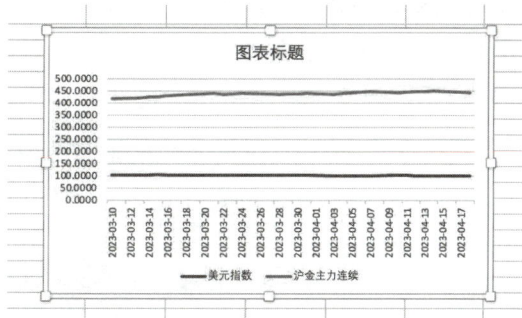

图 2-81　生成折线图

从图表中可以观察到,由于两组数据差异较大,使用同一坐标轴无法体现两组数据间变化趋势的对比,因此需要添加次坐标来显示另一组数据。鼠标右键点击图表中的美元指数曲线,在列表中选择"设置数据系列格式",如图 2-82 所示,在弹出的侧边栏中,选择"次坐标轴",如图 2-83 所示。

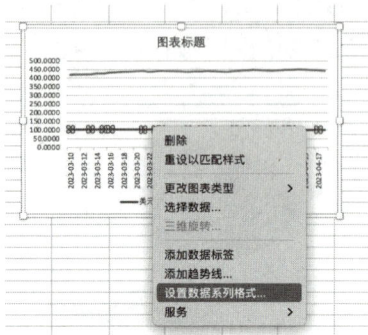

图 2-82　设置数据系列格式　　　　　　图 2-83　添加次坐标轴

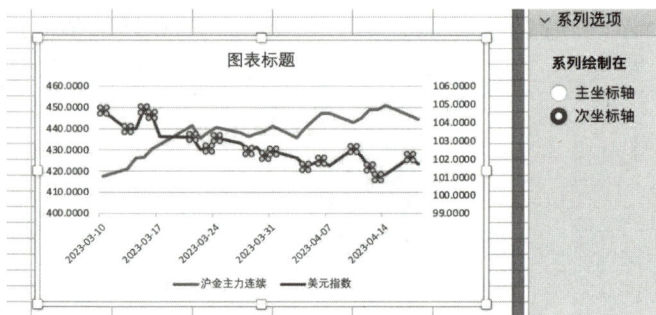

此时可以看到在图表的左侧是主坐标轴,展示沪金期货价格走势,右侧是次坐标轴,展示美元指数走势。将标题的名称改为"沪金期货价格与美元指数走势图",绘制的图形如图 2-84 所示。

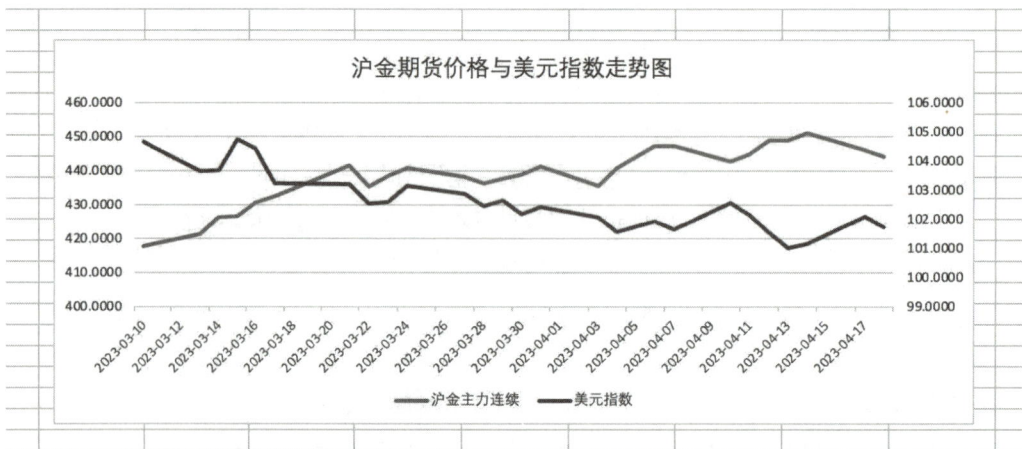

图 2-84　沪金期货价格与美元指数走势图

可以明显看出,在上述图表所显示的时间范围内,沪金期货价格走势与美元指数走势呈现出明显相反的趋势。也就是说,当沪金期货价格上涨时,相应地,美元指数呈现下降趋势,反之则反。

【任务场景 2-13】运用 Excel 绘制散点图

根据任务场景 2-8 的数据绘制散点图,通过图形观察美元指数和沪金期货价格的相关性。

选定"美元指数"和"沪金主力连续"两列数据,选择工具中的"插入"—"散点图",如图 2-85 所示。生成散点图,以"美元指数"为横坐标,以"沪金主力连续"为纵坐标,散点形成了明显的线性发展趋势，Y 轴数值随着 X 轴数值的增大而减小，如图 2-86 所示。

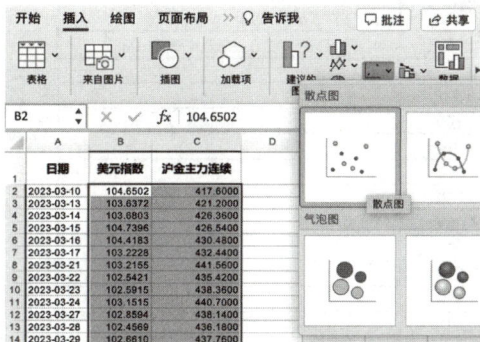

图 2-85　插入散点图

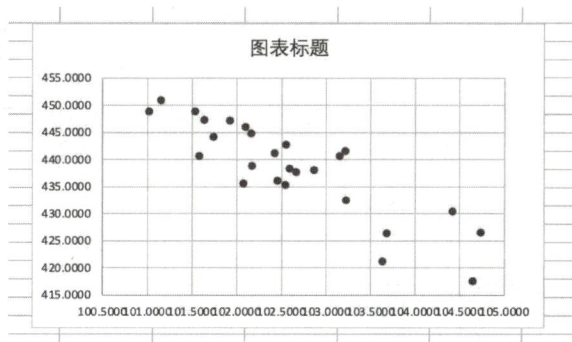

图 2-86　生成散点图

　　为了更直观地了解两者之间的变化趋势，可以在图表中添加趋势线。选定图表上的散点，点击鼠标右键，在列表中选择"添加趋势线"，如图 2-87 所示。

　　在图表中增加了一条趋势向下的直线，显示了散点的整体趋势是向下的。将标题的名称改为"沪金期货价格与美元指数散点图"，绘制的图形如图 2-88 所示。

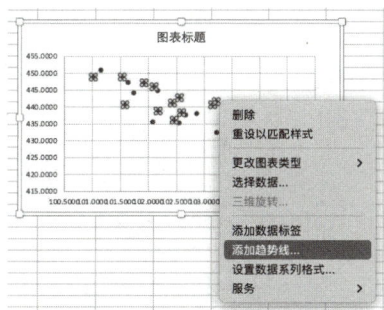

图 2-87　添加趋势线

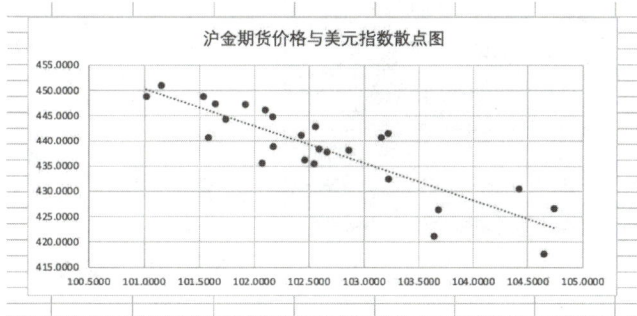

图 2-88　沪金期货价格与美元指数散点图

　　可以看出，在上述图表所显示的时间范围内，沪金期货价格与美元指数呈现出明显的负相关关系。也就是说，随着美元指数的上涨，沪金期货价格往往呈现下降的趋势，反之则反。

【任务场景 2-14】运用 Excel 绘制分布类图形

　　图 2-89 所示是某指数在一段时间范围内的收益率情况，现需要绘制出收益率的分布图，观察该指数收益率的分布情况。

　　计算概率密度函数。通过计算得到收益率的平均值等于 0.39%，标准差为 5.47%。在单元格 B2 中输入公式"=NORMDIST(A2,0.39%,5.47%,FALSE)"，如图 2-90 所示，利用 Excel 自动填充功能计算所有的概率密度函数值。

　　绘制分布图。选定"数值"和"概率密度函数"两列数据，选择工具中的"插入"——"带平滑线和数据标记的散点图"，如图 2-91 所示。生成概率密度分布图，以"数值"即收益率为横轴，以"概率密度函数"为纵轴，如图 2-92 所示。

图 2-89　某指数收益率原始数据

图 2-90　计算概率密度函数公式

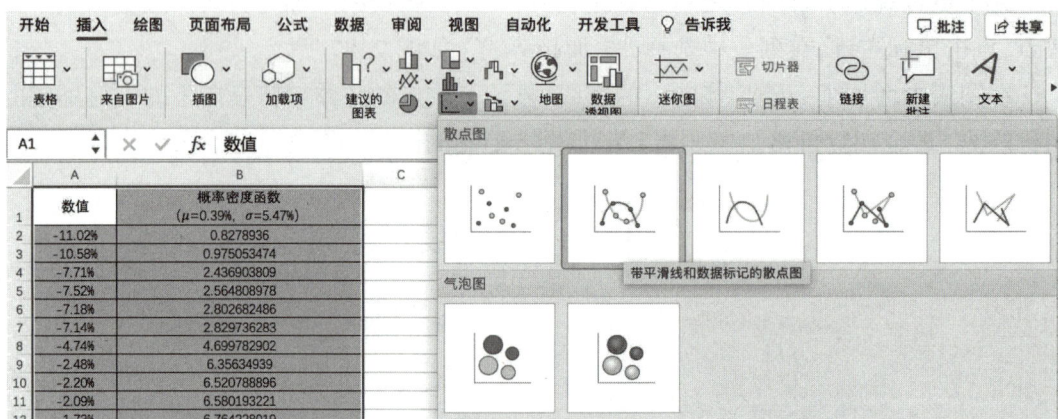

图 2-91　插入散点图

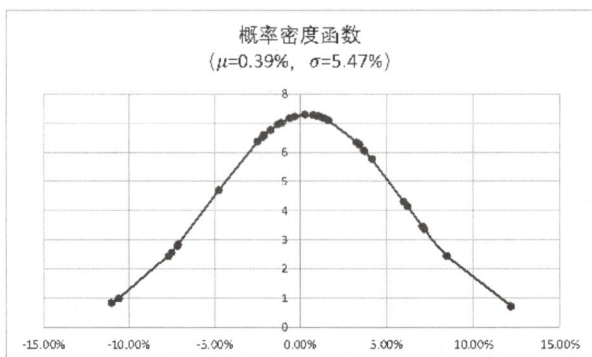

图 2-92　指数收益率分布图

【素质拓展】

数据可视化的基本原则

数据可视化让数据的信息变得有意义,更好地展示了数据的价值,让读者可以轻松地了解数据背景,得到所需信息。接下来介绍几点让数据可视化变得既美观又有意义的原则。

一、了解数据源及数据

顾名思义,数据源即为数据的来源,数据源必须可靠且具备更新能力。它可以是各种数据类型,如统计报表、社会调查数据、现场实测数据、台站观测数据、遥感数据,等等。

数据可视化的第一步是了解需要进行可视化的数据是什么,这些被收集起来的数据可以展现什么样的价值,并且对数据全局有一个大致判断。在数据可视化工作开始之前,就应当把这些基础类的工作做好,只有这样才能有针对性地进行下一步工作,创造出最有意义的数据可视化结果。

二、明确数据可视化的目的

进行数据可视化的操作之前,除了应当了解数据源及数据之外,还必须要明确数据可视化的目的:要呈现的是什么样的数据,这些数据是被谁使用的,需要起到什么样的作用和效果,想要看到什么样的结果,是针对一个活动的分析还是针对一个发展阶段的分析,是研究用户还是研究销量,等等。

三、注重数据的比较

想要数据反映出问题,就必须要有所比较。比较是一种相对的变化,不仅在于量的呈现,更可以看到问题所在。

四、建立数据指标

在数据可视化的过程中,建立数据指标才会有对比性,才知道对比的标准在哪里,也可以更好地知道问题所在。数据指标的设置要结合具体的业务背景,进行科学的处理。这样一来,用户便可根据现有的数据指标进行深层次的自我思考,而不是仅仅给用户呈现一个数据形式及结果。

五、定义用户体验

数据是用来引导用户而非支配用户的,它应该扮演一个幕后的角色。数据可视化结果所面对的读者不是数据分析师,很可能是对数据分析技术一窍不通的人。将复杂的数据进行简化、将零散的信息变得易于理解、提供更加人性化的信息是数据可视化的目标。可视化之后的图表不可过于复杂,或干扰重点。因此,数据可视化应多采用常规图表,并站在普通用户的角度,在系统中加入符合用户思考方式的交互操作,让大众用户也可真正地和数据对话,探寻数据对业务的价值。

(资料来源:https://www.sohu.com/a/101611031_425850,有改动)

思考:为什么说"数据是用来引导用户而非支配用户的"?

项目小结

项目二涵盖了金融数据的获取途径、运用Excel进行数据处理的基础知识、数据统计方法以及可视化技巧。通过任务场景实践,我们学习了如何在Excel中获取宏观经济和金融领域数据;具体任务场景让我们熟悉了在Excel中进行数据加工处理;通过任务场景,我们掌握了计算平均值、方差、标准差、众数、中位数、四分位数,以及相关性分析和线性回归分析等技能;进一步地,我们运用 Excel 绘制了柱状图、饼状图、折线图、散点图以及分布图形,丰富了数据展示的工具。

思考题

1. 列举至少两种常见的金融数据来源,并简要说明它们的特点和用途。
2. 请列举至少三个在金融数据处理中常用的 Excel 函数,并简要说明它们的功能。
3. 解释一下描述性统计分析在金融数据分析中的作用,举例说明一个具体场景。
4. 请提供一个金融领域相关性分析的应用案例。

项目三
Python 在金融数据分析中的应用

任务 1　Python 基础应用

【核心概念】

1. Python 常见的数据类型:整数、浮点数、字符串、布尔值、列表、元组、集合、字典。

2. 条件语句:用于根据不同的条件执行不同的代码块。Python 提供了 if、elif、else 这三种关键字来构建条件语句。

3. 循环语句:允许程序重复执行一段代码,直到某个条件不再满足为止。Python 提供了 for 循环和 while 循环两种主要类型的循环结构。

【学习目标】

1. 能够正确识别 Python 的数据类型。

2. 能够熟练使用 Python 的基本语句。

3. 能够运用 Python 语句设计简单的汇率兑换器。

【基本知识】

一、Python 的数据类型

整数(int):用于表示整数值,例如 –1、0、1、100 等。

浮点数(float):用于表示带有小数部分的数字,例如 3.14、–0.5 等。

字符串(str):用于表示文本数据,例如 "Hello, World!""Python" 等。字符串可以使用单引号或双引号引起来。

布尔值(bool):用于表示真或假的值,只有两个可能的取值(True 和 False)。

列表(list):是一种有序的集合,可以包含任意类型的数据,如数字、字符串甚至是其他列表。列表使用方括号"[ ]"来表示,其中的元素通过逗号","分隔。

元组(tuple):类似于列表,但一旦创建,其元素不能被修改(不可变),通常用于存储不可更改的数据集合。

集合(set):是一种无序的、可变的数据集合,它包含了不重复元素的集合。集合是通过大括号 {} 来表示的,元素之间用逗号","分隔。

字典(dict):是一种无序的数据集合,它包含了键(key)和值(value)的配对。字典是通过大括号"{}"来表示的,每个键值对之间用冒号":"分隔,键与值可以是任意类型的数据,包括数字、字符串、列表等。

以下展示了几种类型的数据,通过 type( )函数进行查询,得到对应的数据类型,示例代码及运行结果如图 3-1 所示。

```
L1=12345
L2=12345.00
L3="12345"
L4=1+1==2
L5=['abc','12345']
L6={'小红':90,'小明':88}
print(type(L1),type(L2),type(L3),type(L4),type(L5),type(L6))
```

```
<class 'int'> <class 'float'> <class 'str'> <class 'bool'> <class 'list'> <class 'dict'>
```

图 3-1　不同类型的数据

二、基本语句

1. 条件判断语句

Python 中的条件语句用于在程序执行时根据某个条件的真假来选择不同的执行路径。Python 提供了 if、elif(可选)、else 这三种关键字来构建条件语句,即中文逻辑语句"如果……就……"。在进行判断之前,一定要先对变量进行赋值,条件判断就是针对不同的可能性,进行不同操作,赋值情况的前提不满足 if 的条件时,自动跳过,执行下一命令。

其次,每一个判断语句之后要使用冒号 ":",表示接下来的内容是只有满足条件才运行的。若不是条件下的语句,要记得删除缩进。

条件判断语句总共有以下四种表现形式:

1)单向判断:if…

要是 if 条件满足,执行该条件的内部语句;要是 if 之后的条件不满足,就跳过 if 语句执行下一命令。语句的格式如下:

if × × ×(判断的条件):
　　…（如果满足上述条件,就执行的操作语句）

示例代码及运行结果如图 3-2 所示。

2)双向判断:if…else…

要是 if 之后的条件不满足,就执行 else 下的语句。if 与 else 平级(缩进一致),每一个条件不能有重合部分,是互斥的。语句的格式如下:

if × × ×(判断的条件):
　　…（如果满足上述条件,就执行的操作语句）
else:
　　…（如果不满足 if 之后的条件,就执行 else 下的语句）

示例代码及运行结果如图 3-3 所示。

```
x = 15
if x > 10:
    print("x大于10")
```
x大于10

图 3-2　单向判断

```
x = 5
if x > 10:
    print("x大于10")
else:
    print("x不大于10")
```
x不大于10

图 3-3　双向判断

3)多向判断:if…elif…else…

if、elif 和 else 平级,可以存在多个 elif,数量根据整体能分成的所需选项数来定。注意:每一个条件不能有重合部分,是互斥的,即 x<10 与 9<x<15,这样的两个条件是不可行的。如果不满足 if 的条件,就判断是否满足 elif 下的条件,若所有 elif 的条件都不满足,就执行 else 下的语句,并且 elif 之后可以不接 else。语句的格式如下:

if × × ×(判断的条件):

  …(如果满足上述条件,执行的操作语句)

elif × × ×(与前一个 if 互斥的另一个条件):

  …(如果满足 elif 后的条件,就需要执行的语句)

else:

  …(若 if、elif 后面的条件都不满足,则会执行的语句)

示例代码及运行结果如图 3-4 所示。

4)if 嵌套

在基础条件满足的情况下,再在基础条件底下增加额外的条件判断。在编写 if 嵌套语句时,同样地,可以按照框架,从大到小,依次往不同的大条件中补充额外条件。示例代码及运行结果如图 3-5 所示。

```
x = 10
if x > 10:
    print("x大于10")
elif x == 10:
    print("x等于10")
else:
    print("x小于10")

x等于10
```

图 3-4　多向判断

```
x = 10
y = 5
if x > 5:
    print("x大于5")
    if y < 8:
        print("同时y小于8")
    else:
        print("y不小于8")
else:
    print("x不大于5")

x大于5
同时y小于8
```

图 3-5　if 嵌套

2. 循环语句

1)for 循环

for 循环是一种控制流结构,它允许你在一个可迭代对象(如列表、元组、字符串等)中逐个访问元素,并对每个元素执行相同的操作。for 循环的基本语法如下:

for 变量 in 可迭代对象:

注:这里的"变量"是在每次迭代中,会依次取得的可迭代对象中的元素值。"可迭代对象"是包含多个元素的数据结构,如列表、字典、元组、字符串等,但不允许接整数、浮点数。

示例代码及运行结果如图 3-6 所示。

```
for i in range(5):
    print(i)

0
1
2
3
4
```

图 3-6　for 循环

2)while 循环

与 if 条件判断类似,while 后条件若满足,会进入语句内部循环直至条件不再满足或内部打断,用于处理未知循环次数或循环固定次数的问题。while 循环的基本语法如下:

while 条件:

  …(在条件满足时执行的代码)

注:这里的"条件"是一个布尔表达式,当其为 True 时,循环会继续执行;一旦条件为 False,循环将停止执行。另外要注意,在 while 循环前要定义变量,为避免陷入死循环,

在循环内必须更新变量,如"a=a+1",也可以写成"a+=1"。

示例代码及运行结果如图3-7所示。

【任务实施】

【任务场景3-1】设计汇率兑换器

我们需要使用Python设计一个简单的汇率兑换器程序,使用户能够方便地将一种货币转换成另一种货币。该程序将接收用户输入的金额和货币类型,然后根据汇率数据进行计算,并返回相应的兑换结果(假设该汇率兑换器只支持人民币与美元的兑换)。程序设计流程如图3-8所示。

```
a = 0
while a < 5:
    print(f"a is {a}")
    a += 1

a is 0
a is 1
a is 2
a is 3
a is 4
```

图3-7 while循环

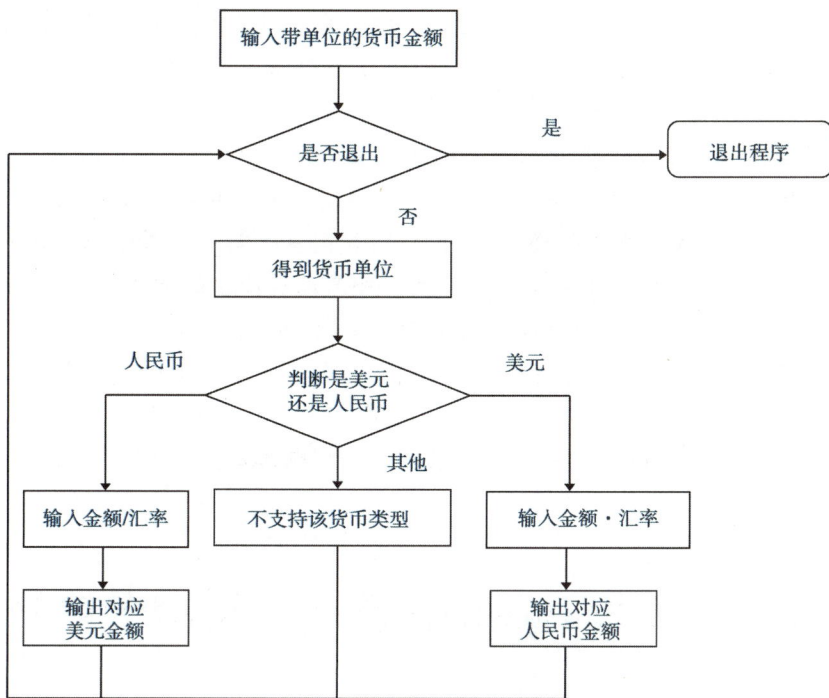

图3-8 汇率兑换器设计流程图

人民币与美元汇率兑换器程序设计代码如图3-9所示。

```
exchange_rate= 6.5545 #定义汇率变量
amount=input('请输入带单位的货币金额(退出程序输入Q):') #接收控制台输入,提示退出程序输入Q
while amount !='Q': #while循环
    unit=amount[-3:] #获取货币单位
    value=amount[:-3] #获取货币金额
    value=float(value)#货币字符串转为数字类型
    if unit=='RMB':#条件: 如果输入的是人民币
        converted_amount=value/exchange_rate#美元金额=金额/汇率
        print('美元金额为: ',converted_amount)#输出换算后的美元金额
    elif unit=='USD': #条件: 如果输入的是美元
        converted_amount=value*exchange_rate#人民币金额=金额*汇率
        print('人民币金额为: ',converted_amount)#输出换算后的人民币金额
    else:#以上条件均不满足
        print('不支持该货币类型')#输出'不支持该货币类型'
    amount=input('请输入带单位的货币金额(退出程序输入Q):')#重复以上循环
```

图3-9 汇率兑换器程序设计代码

65

用户输入需要兑换的货币金额,格式是"金额 + 货币单位",程序根据定义的汇率兑换为另一种货币金额,当输入"Q"时退出该程序,结果如图 3-10 所示。

```
请输入带单位的货币金额（退出程序输入Q）：  10000RMB
美元金额为：  1525.669387443741
请输入带单位的货币金额（退出程序输入Q）：  10000USD
人民币金额为：  65545.0
请输入带单位的货币金额（退出程序输入Q）：  Q
```

图 3-10　汇率兑换器运行结果

【素质拓展】

我国外汇储备规模居全球第一

党的二十大报告总结了党和国家事业十年来取得的重大成就,其中提到"外汇储备稳居世界第一"。近年来,我国外汇储备规模保持在 3 万亿美元以上,2022 年 5 月末超 3.1 万亿美元,连续 17 年稳居世界第一。

外汇储备的累积是我国坚持改革开放、坚持制造业深度参与全球分工和价值链体系形成全球竞争力的结果,是我国综合国力全面提升的重要表现。充足的外汇储备在我国对外经济金融关系上发挥着"稳定器"的作用,在助力高质量发展上发挥着"助推器"的作用。

我国外汇储备规模占全球外汇储备的 1/4,国际投资稳健增长。数据显示,2012 年我国国际投资净头寸 1.68 万亿美元,2022 年二季度末我国国际投资净头寸上升至 2.08 万亿美元。在外汇储备动态平衡管理的新阶段,我国全球第一的外汇储备切实发挥调节国际收支、稳定汇率、提高外部融资能力和抗击外部风险冲击的作用,切实发挥我国对外经济金融关系的"稳定器"和助力经济高质量发展的"助推器"的作用。

（资料来源：https://baijiahao.baidu.com/s?id=1747905336758129912&wfr=spider&for=pc,有改动）

思考:我国外汇储备规模全球第一的积极影响有哪些?

任务 2　认识 Python 数据分析的常用模块

【核心概念】

1.Pandas：Pandas 是一个强大的 Python 数据处理库,提供高效的数据结构和数据分析工具,特别适用于处理表格形式的数据。

2.NumPy：NumPy 是 Python 中用于科学计算的基础库,提供了高效的多维数组和大量数学函数,为数据科学、机器学习等领域提供了强大的支持。

3.Matplotlib：Matplotlib 用于绘制各种类型的图表和可视化图形,提供了丰富的绘图功能,适用于数据分析、科学研究等领域。

【学习目标】

1. 能够描述 Pandas 库的基本功能。

2. 能够描述 NumPy 库的基本功能。

3. 能够描述 Matplotlib 库的基本功能。

4. 能够运用 Python 语句调用 Python 的库或模块。

【基本知识】

一、Pandas 库

Pandas(Panel Data)是一个强大的数据处理和分析库,它是基于 Python 编程语言的开源工具。Pandas 提供了灵活直观的数据结构,使得数据操作变得更加简单和高效。Pandas 库有以下两大优势:一是速度快,可以快速处理大型数据集;二是效率高,提供大量高效处理数据的函数和方法。下面是关于 Pandas 库的基本介绍。

1. 调用 Pandas

在 Python 中调用 Pandas 库,使用 import 语句将 Pandas 库引入程序中。一般会将 Pandas 简化为 pd,示例代码如图 3-11 所示。

```
import pandas as pd # 导入pandas库并命名为pd
```

图 3-11　调用 Pandas

2.Pandas 的数据结构

Pandas 主要提供了两种数据结构:

(1)Series:类似于一维数组或列表,它可以存储任意类型的数据(整数、浮点数、字符串等),并且会自动分配索引。示例代码及数据结构如图 3-12 所示。

(2)DataFrame:是一个类似于表格的二维数据结构,它由行和列组成。每列可以是不同的数据类型。DataFrame 可以看作是一组 Series 对象的集合。示例代码及数据结构如图 3-13 所示。

```
import pandas as pd
# 创建一个Series
data = pd.Series([1, 2, 3, 4, 5])
# 输出Series
print(data)

0    1
1    2
2    3
3    4
4    5
dtype: int64
```

图 3-12　Series 数据结构

```
import pandas as pd
# 创建一个DataFrame
data = {'姓名': ['张三', '李四', '王五', '赵六'],
        '年龄': [25, 30, 35, 40],
        '城市': ['南宁', '桂林', '北海', '防城港']}
df = pd.DataFrame(data)
# 输出DataFrame
print(df)

   姓名  年龄   城市
0  张三  25   南宁
1  李四  30   桂林
2  王五  35   北海
3  赵六  40   防城港
```

图 3-13　DataFrame 数据结构

3. 数据导入和导出

Pandas 支持多种数据格式的导入和导出,包括 CSV、Excel、SQL 数据库、JSON 等。具体操作在后续的实训任务中演示。

4. 数据清洗和处理

Pandas 提供了许多功能强大的方法来处理数据。

缺失值处理：可以轻松地检测和处理缺失值。

数据筛选和索引：可以使用条件语句、位置或标签来选择数据。

数据排序和排名：可以按照特定的条件对数据进行排序。

数据分组和聚合：可以根据某些特征将数据分组，并对每个组应用聚合函数（如求和、计数等）。

5. 数据分析和统计

Pandas 提供了丰富的统计方法，可以轻松地计算各种统计指标，包括平均值、中位数、标准差等。

6. 时间序列数据处理

Pandas 对时间序列数据的处理功能非常强大，它提供了日期和时间的数据类型，并且支持各种时间频率的转换和重采样。

7. 性能优化

Pandas 采用了许多优化技巧，使得它在处理大型数据集时也能保持高效。

总的来说，Pandas 是一个功能丰富、灵活易用的数据处理库，适用于数据清洗、数据分析、数据可视化等多个领域，无论是在数据科学、机器学习还是数据分析等领域，Pandas 都是一个非常有用的工具。

二、NumPy 库

NumPy(Numerical Python)是一个用于数值计算的强大 Python 库，它提供了高效的多维数组（例如矩阵）对象以及用于处理这些数组的各种数学函数。以下是关于 NumPy 库的基本介绍。

1. 调用 NumPy

在 Python 中调用 NumPy 库，使用 import 语句将 NumPy 库引入程序中。一般会将 NumPy 简化为 np，示例代码如图 3-14 所示。

2. 多维数组

NumPy 最重要的特性之一是它的多维数组对象(ndarray)，它是一个包含相同类型数据的 n 维网格，其中每个元素都可以通过一个正整数索引进行标识。以创建一个 3 行 3 列的二维数组为例，示例代码及数据结构如图 3-15 所示。

```
import numpy as np
# 创建一个二维数组
array1 = np.array([[1, 2, 3], [4, 5, 6], [7, 8, 9]])
print(array1)

[[1 2 3]
 [4 5 6]
 [7 8 9]]
```

```
import numpy as np # 导入numpy库并命名为np
```

图 3-14　调用 NumPy

图 3-15　NumPy 数据结构

3. 数学函数和运算

NumPy 提供了大量的数学函数，这些函数可以直接应用于数组，而无须进行循环操作，这使得对数组进行数学运算变得非常高效。下面运用 NumPy 进行简单的数学运算，示例代码及运行结果如图 3-16 所示。

4. 广播

广播(Broadcasting)是 NumPy 中一个非常重要的概念,它描述了在对不同形状的数组进行操作时的规则。NumPy 会自动地扩展较小的数组以匹配较大数组的形状,使得它们可以进行元素级别的运算。下面举个广播的简单例子,示例代码及运行结果如图 3-17 所示。

```
import numpy as np
numpy1 = np.array([15,8,6,18])
numpy2= np.array([5,8,11,22])
print("数组的加法运算",numpy1+numpy2)
print("数组的减法运算",numpy1-numpy2)
print("数组的乘法运算",numpy1*numpy2)
print("数组的除法运算",numpy1/numpy2)
print("numpy1数组的乘方运算",numpy1**2)
print("数组的大小比较",numpy1>=numpy2)
print("numpy1数组的最大值",numpy1.max())
print("numpy2数组的最小值",numpy2.min())

数组的加法运算 [20 16 17 40]
数组的减法运算 [10  0 -5 -4]
数组的乘法运算 [ 75 64 66 396]
数组的除法运算 [3.        1.         0.54545455 0.81818182]
numpy1数组的乘方运算 [225 64 36 324]
数组的大小比较 [ True  True False False]
numpy1数组的最大值 18
numpy2数组的最小值 5
```

图 3-16　NumPy 的数学运算

```
import numpy as np
# 创建一个2x3的数组
A = np.array([[1, 2, 3], [4, 5, 6]])
# 将一个标量值加到数组的每个元素上
B = A + 10
print(B)

[[11 12 13]
 [14 15 16]]
```

图 3-17　广播

5. 线性代数运算

NumPy 包含了大量的线性代数函数,可以用于矩阵的操作,如求逆、求解线性方程组、特征值分解等。以下举例求矩阵的逆及单位矩阵,示例代码及运行结果如图 3-18 所示。

6. 随机数生成

NumPy 提供了用于生成各种随机数的函数,可以用于模拟实验、蒙特卡罗方法等。下面举例创建一个 3 行 3 列的二维随机数组,示例代码及运行结果如图 3-19 所示。

```
import numpy as np
a=np.array([[12,116],[38,56]])
print("原始矩阵:\n",a)
b=np.linalg.inv(a)
print("矩阵的逆:\n",b)
print("单位矩阵:")
print(np.dot(a,b))

原始矩阵:
 [[ 12 116]
  [ 38  56]]
矩阵的逆:
 [[-0.01498929  0.03104925]
  [ 0.01017131 -0.00321199]]
单位矩阵:
[[ 1.00000000e+00 -1.38777878e-17]
 [-5.55111512e-17  1.00000000e+00]]
```

图 3-18　线性代数运算

```
import numpy as np
# 生成一个形状为(3, 3)的随机数组
random_array = np.random.rand(3, 3)
print(random_array)

[[0.38252135 0.44195656 0.03483766]
 [0.1959962  0.08897576 0.84087353]
 [0.19667102 0.70542497 0.36318814]]
```

图 3-19　生成随机数

总的来说,NumPy 是 Python 科学计算领域的基石之一,它提供了高效的数值计算工具,适用于数据科学、机器学习、统计分析等领域。

三、Matplotlib 库

Matplotlib 是一个用于创建可视化图表的 Python 库,它提供了一种类似于 MATLAB 的绘图接口,使得用户可以轻松地生成各种类型的图形,包括线图、散点图、柱状图、饼图、等高线图等。以下是关于 Matplotlib 库的基本介绍。

1. 绘图功能

Matplotlib 提供了丰富的绘图功能,可以创建各种类型的图表,例如:

线图:用于显示数据随着连续变量的变化趋势。

散点图:用于展示数据点之间的关系,通常用于观察两个变量之间的相关性。

柱状图:用于比较不同类别或组之间的数值。

饼图:用于表示数据的相对比例。

等高线图:用于可视化二维数据的等值线。

具体的绘图功能在后续的实训任务中演示。

2. 支持多种图形样式和定制选项

Matplotlib 允许用户对图形进行高度定制,可以设置图表的颜色、线型、标签、标题、坐标轴范围,等等。

3. 支持多种输出格式

Matplotlib 可以将图形保存为多种常见的图像格式,包括 PNG、PDF、SVG 等。

4. 支持子图和多图布局

用户可以将多个图形组织在一个大图中,以便进行比较或显示多个相关的信息。

5. 高度可扩展

Matplotlib 是一个底层库,允许用户通过不同的模块(如 Pyplot、Pylab)来实现各种绘图需求,同时也可以与其他库(如 NumPy、Pandas)结合使用。

6. 配套工具

Matplotlib 提供了一些配套的工具包,如 Seaborn、Basemap 等,用于进一步扩展其功能,例如创建更复杂的统计图表、地理空间可视化等。

总的来说,Matplotlib 是一个功能强大且灵活的可视化库,适用于科学计算、数据分析、机器学习等领域。它为用户提供了创建各种类型图表的强大工具,使得数据的可视化变得更加容易和直观。

【素质拓展】

构建经济增长新引擎

党的二十大报告强调,"推动战略性新兴产业融合集群发展,构建新一代信息技术、人工智能、生物技术、新能源、新材料、高端装备、绿色环保等一批新的增长引擎"。当前,人工智能日益成为引领新一轮科技革命和产业变革的核心技术,在制造、金融、教育、医疗和交通等领域的应用场景不断落地,极大改变了既有的生产生活方式。统计数据显示,中国 2021 年机器人出货量达 26.8195 万台,存量突破 100 万台,2011 年后中国人工智能专利申请量高居世界首位,2020 年达到 46960 项,这表明中国已跻身全球人工智能发展的前列,市场前景广阔。作为世界第二大经济体,我国拥有数以亿计的互联网用户以及海量大数据资源,这种大国经济特征为深化人工智能应用、加快产业智能化发展提供了丰富的数据支持和广阔的应用场景。我国门类齐全、体系完整和规模庞大的产业体系,更是为产业智能化向广度和深度发展奠定了坚实基础。展望未来,人工智能技术引领的新一轮科技革命和产业变革浪潮,将成为未来世界经济和高端制造的主导技术,更会对中国现代化产业体系建设发挥无可替代的作用。

（资料来源：http://theory.people.com.cn/n1/2022/1129/c40531-32576463.html,有改动）

思考：中国经济未来要构建哪些新的增长引擎？

任务3　运用 Python 采集数据

【核心概念】

1. 网络爬虫：是一种自动化程序,它是用于在互联网上按照一定规则浏览网页并提取信息的工具。

2. Robots 协议：也称为爬虫协议或机器人协议,是一种用来指导网络爬虫如何爬取网站内容的标准化协议。

3. API：全称为 application programming interface,是一组定义了不同软件组件如何交互的规则和协议,它允许不同的软件系统之间相互通信、交换数据或者调用功能。

【学习目标】

1. 树立合法合规意识,确保数据获取的合法性和合规性。

2. 能够说出运用 Python 进行数据采集常用的方法。

3. 能够描述运用 Python 爬取网页数据的流程。

4. 能够使用 Python 从本地文件读取数据。

【基本知识】

在 Python 中,你可以使用各种库和工具来进行数据采集。以下是一些常用的数据采集方法和相应的库。

1. 网页抓取

网页抓取是从网页中提取数据的一种常用方法,可以使用以下的 Python 库或模块：

BeautifulSoup：用于解析 HTML 和 XML 文档,提供了便利的方法来遍历和搜索网页结构。

Requests：用于发送 HTTP 请求,获取网页内容。

Selenium：可以模拟用户在网页上的操作,可以用于处理 JavaScript 渲染的网页。

请注意,在进行数据采集时,需要遵守法律和道德规范,尊重网站的 Robots 协议,避免对网站造成过度负担或侵犯隐私。

2.API 请求

许多网站和服务提供了 API(application programming interface),允许通过 HTTP 请求获取数据。可以使用 Requests 库用于发送 HTTP 请求,获取 API 返回的数据。

3. 数据文件读取

可以使用Pandas库直接从本地文件(如CSV、Excel、JSON等)中读取数据,Pandas库提供了丰富的数据处理和读取功能,可以轻松地从各种数据文件格式中读取数据。

【任务实施】

【任务场景3-2】从网页中爬取股票数据

小张是一名证券投资顾问,专注于量化金融领域,本次任务是要运用Python编写一个网络爬虫程序,从特定的网页上抓取当前上证50指数成分股的股票代码,为后续的量化分析和交易策略提供基础数据支持。

首先需要找到包含上证50的50只样本股股票代码的网页,如图3-20所示。

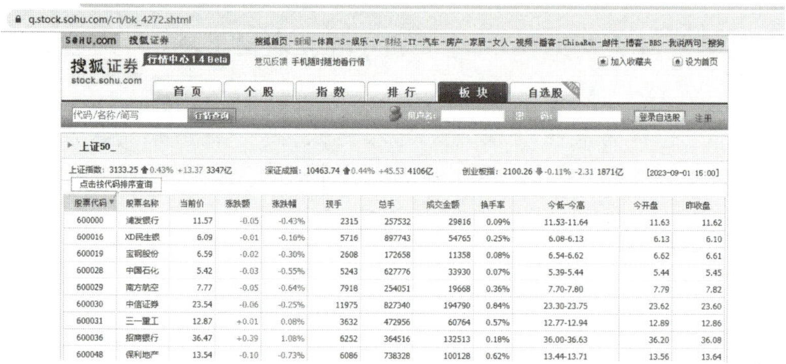

图3-20 上证50指数成分股(数据来源:搜狐证券)

此页面中显示了上证50的所有股票代码,第一列数据"股票代码"是需要爬取的对象。在页面的任意位置点击右键,选择"检查",或是通过快捷键的方式查看网站的源代码信息。我们需要在这里找出网页的一些基本信息和我们需要爬取的数据特征。

首先,按以下路径找到网页文字的编码方式:Elements—头文件(head)—编码方式(charset=gb2312),如图3-21所示,先对获取到的网页内容进行解码。

图3-21 查看网页文字的编码方式

然后,使用BeautifulSoup和lxml来解析网页信息。

接下来,需要在网页的源代码中找到需要爬取的信息,通过逐项点开图3-22中的矩形框部分的标签——table(表格)—tr(行)—td(单元格),查找到了第一个股票代码的信息"600000",或者可以通过网站源代码的搜索功能搜索表格里的相关数据,定位到表格的源代码。通过查找,我们在源代码定位到了表格的位置,在源代码中表格的第一行和第二行都是表头的信息,第三行开始是50家公司的股票信息,每家公司的股票代码在表格第一列的位置。因此，我们需要从源代码中表格的第三行开始抓取数据，每行抓取表格的第一列数据，将抓取到的数据转换成文本格式，并存储到相应的列表中。

最后打印出查询结果。

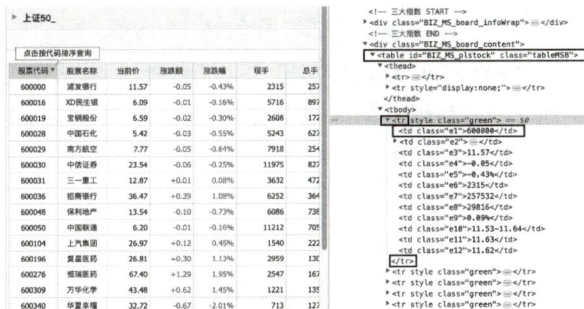

图 3-22　在源代码中查找需要爬取的信息

示例代码及运行结果如图 3-23 所示。

```python
import bs4 as bs #导入beautifulsoup4包，用于抓取网页信息
import requests #导入 requests 用于获取网站上的源代码
def SS50(): #定义函数保存上证50股票的代码
    res = requests.get('https://q.stock.sohu.com/cn/bk_4272.shtml') #发送HTTP GET请求，获取网页内容
    res.encoding = 'gb2312' #设置网页内容编码为gb2312
    soup = bs.BeautifulSoup(res.text, 'lxml') #使用BeautifulSoup解析网页内容
    table = soup.find('table', {'id': 'BIZ_MS_plstock'}) #查找包含股票信息的表格
    stockcodes = [] #初始化一个空列表来存储股票代码
    for row in table.findAll('tr')[2:]: #遍历表格的每一行（跳过前两行表头）
        stockcode = row.findAll('td')[0].text #获取每一行的第一个单元格中的股票代码
        stockcodes.append(stockcode) #将股票代码添加到stockcodes列表
    return stockcodes #返回存储股票代码的列表
stockcodes = SS50()  #调用SS50() 以获取上证50股票列表
print(stockcodes) #打印股票列表
```

```
['600036', '601229', '600031', '601166', '600104', '600030', '603259', '601668', '601628', '601766', '601857', '601398', '601390', '600029',
'600028', '601818', '601211', '601066', '601111', '600837', '600887', '601888', '600690', '600519', '600016', '601989', '601988', '601601',
'600019', '601186', '600703', '600196', '601318', '601800', '600050', '601319', '601288', '601688', '603993', '600309', '600048', '600276',
'601138', '601336', '601088', '600585', '600000', '601328', '601939', '600340']
```

图 3-23　从网页中爬取数据的代码及运行结果

【任务场景 3-3】从本地文件中读取数据

证券投资顾问小张正在研究宏观投资策略，需要获取宏观经济数据，本次任务是运用Python编写一个数据采集程序，从本地文件中读取数据，以备后续的分析和研究使用。

读取本地文件的示例代码如图 3-24 所示。pd.read_excel( )是读取 Excel 文件的方法，需要注意的是，文件路径需替换为本地路径。

```python
import pandas as pd
data=pd.read_excel('GDP2012-2022.xlsx') #读取Excel文件
data.head() #使用.head()方法读取数据，默认显示前五行
```

图 3-24　读取本地文件的代码

结果如图 3-25 所示。

	时间	国内生产总值(亿元)	第一产业增加值(亿元)	第二产业增加值(亿元)	第三产业增加值(亿元)
0	2013年	592963.2	53028.1	261951.6	277983.5
1	2014年	643563.1	55626.3	277282.8	310654.0
2	2015年	688858.2	57774.6	281338.9	349744.7
3	2016年	746395.1	60139.2	295427.8	390828.1
4	2017年	832035.9	62099.5	331580.5	438355.9

图 3-25　读取本地文件的运行结果

【素质拓展】

关于合法合规爬取网络数据的规定

随着大数据、云计算、物联网和移动互联网等新一代信息技术的普及应用,爬虫技术如今已经成为一种比较成熟且被广泛运用的互联网数据信息的高效率收集手段。通过数据爬虫技术,可以实现对文本、图片、音频、视频等互联网信息的海量抓取。

我国立法和司法部门对于爬虫技术的合规设置了一些比较清晰的红线,无论是企业还是个人都要把这些数据爬取规定牢记在心中。

相关规定细节:

首先,在爬取哪类网站方面有相关规定。

通常建议爬取一些数据公开的网站,另外,除非得到了对方明确的特殊的授权,最好不要爬取对方的后台数据或者内网数据。

其次,关于爬取的频率。

总体原则就是不要影响对方的正常运营。在定量上,最好控制在对方网站日流量的三分之一,或者更严格一点四分之一,这相对来说是一个比较稳妥的量。

再次,一定要尊重对方公开的 Robots 协议。

这也是在司法判决中明确需要被普遍遵守的商业道德。对方可能会设置一些禁止爬取的范围,所以最好不要去突破对方设置的一些反爬的技术手段。

最后,关于究竟要爬取怎样的数据。

尽量避免爬取对方的音视频文件,因为爬取此类文件侵犯对方知识产权的可能性会更大一些。如果要爬取竞品的网站,也要考虑可能会构成不正当竞争,另外,涉及对方的商业秘密的时候,一定要谨慎。

总而言之,网络时代的快速发展对刑法理论、公司、个人信息数据带来了影响与冲击,对于恶意爬取行为,司法中确立了审慎积极的预防观念,制定了明确合理有效的裁判规则。现有的司法案例实践中对于恶意爬取行为,多以侵犯著作权罪、侵犯公民个人信息罪、非法侵入计算机系统罪、侵犯商业秘密罪等定罪处罚。

今后,立法机关对数据权益的确认、数据权利的归属以及数据犯罪立法的更新都会越来越严格,所以无论是企业还是个人在运用爬虫技术时一定要谨慎再谨慎。

(资料来源:https://zhuanlan.zhihu.com/p/542042058,有改动)

思考:1.关于抓取网络数据,有哪些明确的法律法规要求?

   2.作为一名数据挖掘从业人员,应当如何规范自身的职业行为?

任务 4　运用 Python 处理数据

【核心概念】

1.缺失值:指的是数据集中某个特定位置上的值缺失或者不存在,这可能是由数据采集过程中的错误、设备故障、调查者疏忽等原因导致的。

2. 重复值：指的是在数据集中存在相同的记录或观察结果，这可能是由数据采集或者数据录入时的重复操作导致的。

3. 异常值：指的是在数据集中明显偏离其他观测值的数据点，它们可能是由测量误差、数据录入错误、自然变异或者极端情况等原因导致的。

4. 数据清洗：是数据预处理的一个重要步骤，其目的是识别并纠正数据集中的错误、不准确或不完整的部分，以确保数据的质量和准确性。

5. 描述性统计：是统计学中一种基本的数据分析方法，它通过汇总和总结数据的基本特征来描述和概括数据集的特性，这些特征可以包括数据的中心趋势、变异程度、分布形状等，目的是更好地理解数据并从中获得有用的信息。

【学习目标】

1. 能够说出数据清洗的基本概念。
2. 能够说出使用 Python 进行数据清洗的常用步骤和方法。
3. 能够使用 Python 进行数据清洗和处理。

【基本知识】

在 Python 中进行数据清洗是数据预处理过程中的重要环节，它包括处理缺失值、处理重复值、处理异常值等步骤，以保证数据的质量和准确性。表 3-1 所示是使用 Python 进行数据清洗的一般步骤和常用方法。

表 3-1　用 Python 进行数据清洗的一般步骤和常用方法

序号	步骤	常用方法	示例代码
1	导入必要的库	常用 Pandas 库	import pandas as pd
2	加载数据	使用 read_csv（）、read_excel（）等方法读取各种格式的数据文件	df = pd.read_csv（'data.csv'）
3	观察数据	使用 .head（）查看数据的前几行，以了解数据的结构和内容	print（df.head（））
4	处理缺失值	使用 df.dropna（）删除包含缺失值的行或者使用 df.drop（）删除指定的行	df=df.dropna（） df=df.drop（index=［'row1'，'row2'］）
		使用 df.dropna（axis=1）删除包含缺失值的列或者使用 df.drop（axis=1）删除指定的列	df=df.dropna（axis=1） df=df.drop（［'col1'，'col2'］，axis=1）
		使用 df.fillna（value）用指定的值填充缺失值	df=df.fillna（value）
5	处理重复值	使用 df.duplicated（）查找重复行	df.duplicated（）
		使用 df.drop_duplicates（）删除重复行	df=df.drop_duplicates（）
6	处理异常值	使用统计方法或可视化工具来识别和处理异常值	—

续表

序号	步骤	常用方法	示例代码
7	数据类型转换	使用 .astype（'new_type'）将某列数据转换为新的数据类型	df['column_name'] = df['column_name'].astype（'float'）# 将某一列数据类型转换为浮点型数据
8	文本处理	使用 .str.strip（）去除空格	df['column_name'] = df['column_name'].str.strip（）
		使用 .str.lower（）或 .str.upper（）转换大小写	df['column_name'] = df['column_name'].str.lower（）
9	重置索引	使用 reset_index（）方法重新设置索引	df=df.reset_index（drop=True）# 重置索引并删除旧索引列
10	保存清洗后的数据	使用 to_csv（）、to_excel（）等方法将清洗后的数据保存到文件中	df.to_csv（'cleaned_data.csv',index=False）# 保存为 CSV 文件，index=False 表示不保存索引信息
11	其他操作	根据实际需求，可能还会进行数据合并、分割等操作	—

【任务实施】

【任务场景 3-4】运用 Python 进行数据清洗

某银行的数据分析师小赵对银行信贷客户数据进行分析，当前的任务是要进行数据清洗操作。

首先是加载数据，观察了解数据的结构和内容。具体代码和数据信息显示如图 3-26 所示。

```
import pandas as pd
data=pd.read_excel('customers.xlsx')
data.head()
```

	业务编码	姓名	性别	年龄	学历	装修状态	房屋单价（元/㎡）	首付比例	贷款金额	贷款期限（年）
0	10002187	刘一	男	18	本科	简装	14000.0	0.7	1278000	15
1	10004016	陈二	男	55	高中	NaN	NaN	0.3	431200	30
2	10007546	张三	女	49	本科	NaN	NaN	0.4	808500	30
3	10022722	李四	男	57	博士	NaN	NaN	0.3	627200	20
4	10023634	王五	女	38	专科	NaN	14000.0	0.3	424800	20

图 3-26　加载并观察数据

从数据信息看，数据表中包含缺失值，因两列包含缺失值的字段缺失的数据过多，直接使用命令语句删除包含缺失值的字段。具体代码和删除字段后的结果显示如图 3-27 所示。

"装修状态"和"房屋单价"两列含有缺失值的字段被删除了。接下来，查看数据表中是否存在重复值，具体代码和查询结果如图 3-28 所示。

从结果中可以看到，索引为 5 和 8 的行数据存在重复值，需要做删除重复值操作。具体代码及操作结果如图 3-29 所示。

```
data1=data.dropna(axis=1)
data1.head()
```

	业务编码	姓名	性别	年龄	学历	首付比例	贷款金额	贷款期限（年）
0	10002187	刘一	男	18	本科	0.7	1278000	15
1	10004016	陈二	男	55	高中	0.3	431200	30
2	10007546	张三	女	49	本科	0.4	808500	30
3	10022722	李四	男	57	博士	0.3	627200	20
4	10023634	王五	女	38	专科	0.3	424800	20

图 3-27　处理缺失值

```
data1.duplicated()
```

```
0     False
1     False
2     False
3     False
4     False
5     True
6     False
7     False
8     True
9     False
10    False
11    False
dtype: bool
```

图 3-28　查找重复行

索引为 5 和 8 的行数据已被删除，但索引值有缺失，需要重新设置索引。具体代码及操作结果如图 3-30 所示。

```
data2=data1.drop_duplicates()
data2
```

	业务编码	姓名	性别	年龄	学历	首付比例	贷款金额	贷款期限（年）
0	10002187	刘一	男	18	本科	0.7	1278000	15
1	10004016	陈二	男	55	高中	0.3	431200	30
2	10007546	张三	女	49	本科	0.4	808500	30
3	10022722	李四	男	57	博士	0.3	627200	20
4	10023634	王五	女	38	专科	0.3	424800	20
6	10024799	赵六	男	66	专科	0.3	645000	10
7	10032987	孙七	女	69	初中及以下	0.3	165000	10
9	1003762	周八	男	69	硕士	0.3	563500	20
10	10037913	吴九	男	21	本科	0.5	250800	15
11	10041428	郑十	男	65	硕士	0.3	976500	15

图 3-29　删除重复行

```
data3 = data2.reset_index(drop=True)
data3
```

	业务编码	姓名	性别	年龄	学历	首付比例	贷款金额	贷款期限（年）
0	10002187	刘一	男	18	本科	0.7	1278000	15
1	10004016	陈二	男	55	高中	0.3	431200	30
2	10007546	张三	女	49	本科	0.4	808500	30
3	10022722	李四	男	57	博士	0.3	627200	20
4	10023634	王五	女	38	专科	0.3	424800	20
5	10024799	赵六	男	66	专科	0.3	645000	10
6	10032987	孙七	女	69	初中及以下	0.3	165000	10
7	1003762	周八	男	69	硕士	0.3	563500	20
8	10037913	吴九	男	21	本科	0.5	250800	15
9	10041428	郑十	男	65	硕士	0.3	976500	15

图 3-30　重置索引

【任务场景 3-5】运用 Python 对数据进行标准化处理

证券投资顾问小张正在对股票市场资金流向进行分析，在这个任务中，将运用 Python 编写一个数据预处理程序，对获取到的个股资金净流入数据表进行标准化处理。本次任务以任务场景 2-4 的数据为例，运用 Python 进行数据预处理。

首先将数据读取至程序中，代码及读取结果如图 3-31 所示。

```
import pandas as pd
data_frame = pd.read_excel("C:/Users/Administrator/Desktop/data/个股资金净流入.xlsx") # 读取 Excel 文件
print(data_frame.to_string(index=False)) # 打印表格，不显示行索引
```

序号	交易所	代码	名称	最新价	涨跌幅	今日主力净流入
1	上海证券交易所	600938	中国海油	15.17	0.1001	15.04亿
2	上海证券交易所	688052	N纳芯微	259.58	0.1286	8.43亿
3	上海证券交易所	600036	招商银行	42.50	0.0296	4.64亿
4	上海证券交易所	603259	药明康德	101.60	0.0515	3.06亿
5	深圳证券交易所	300015	爱尔眼科	34.45	0.0646	2.89亿
6	上海证券交易所	601398	工商银行	4.84	0.0126	2.63亿
7	深圳证券交易所	300750	宁德时代	415.34	0.0152	2.63亿
8	上海证券交易所	600863	内蒙华电	3.39	0.1006	2.47亿
9	深圳证券交易所	656	金科股份	4.53	0.0995	2.39亿
10	深圳证券交易所	2	万 科A	19.81	0.0264	2.33亿
11	深圳证券交易所	3816	中国广核	2.90	0.0584	1.96亿
12	深圳证券交易所	1	平安银行	16.06	0.0158	1.94亿
13	上海证券交易所	600011	华能国际	6.97	0.0723	1.81亿

图 3-31　读取数据

这段代码读取数据并使用 to_string( )方法将数据以表格形式打印出来,同时不显示行索引。

to_string( )方法用于将 DataFrame 转换为字符串形式,以便以表格形式打印数据。

运行结果显示了 50 只股票的信息,对于数据存在的错误已在任务场景 2-4 进行了分析,在此运用 Python 对数据存在的错误进行处理。

(1)转换数据类型并将代码进行标准化处理。

这里将列中的数值先转换为字符串,然后使用 str.zfill( )方法来在左侧填充零,确保字符串的长度为 6 位。之后可以使用 to_string( )方法将格式化后的 DataFrame 打印出来。代码及运行结果如图 3-32 所示。

(2)更改数据格式。

在这里使用 apply( )方法将一个匿名函数应用到特定列,这个匿名函数使用格式字符串 {x:.2%} 来将数值转换为百分比形式并保留两位小数。然后,使用 to_string( )方法将格式化后的 DataFrame 打印出来。代码及运行结果如图 3-33 所示。

```
# 将"代码"列的内容转换为字符串,并在不足6位的情况下在左侧填充零
data_frame['代码'] = data_frame['代码'].astype(str).str.zfill(6)
# 打印表格,不显示行索引
print(data_frame.to_string(index=False))
```

序号	交易所	代码	名称	最新价	涨跌幅	今日主力净流入
1	上海证券交易所	600938	中国海油	15.17	0.1001	15.04亿
2	上海证券交易所	688052	N响芯微	259.58	0.1286	8.43亿
3	上海证券交易所	600036	招商银行	42.50	0.0296	4.64亿
4	上海证券交易所	603259	药明康德	101.60	0.0515	3.06亿
5	深圳证券交易所	300015	爱尔眼科	34.45	0.0646	2.89亿
6	上海证券交易所	601398	工商银行	4.84	0.0126	2.63亿
7	深圳证券交易所	300750	宁德时代	415.34	0.0152	2.63亿
8	上海证券交易所	600863	内蒙华电	3.39	0.1006	2.47亿
9	深圳证券交易所	000656	金科股份	4.53	0.0995	2.39亿
10	深圳证券交易所	000002	万 科A	19.81	0.0264	2.33亿
11	深圳证券交易所	003816	中国广核	2.90	0.0584	1.96亿
12	深圳证券交易所	000001	平安银行	16.06	0.0158	1.94亿
13	上海证券交易所	600011	华能国际	6.97	0.0723	1.81亿

图 3-32　转换数据类型并将代码进行标准化处理

```
#将"涨跌幅"列的内容转换为百分比形式,保留两位小数
data_frame['涨跌幅'] = data_frame['涨跌幅'].apply(lambda x: f'{x:.2%}')
print(data_frame.to_string(index=False))
```

序号	交易所	代码	名称	最新价	涨跌幅	今日主力净流入
1	上海证券交易所	600938	中国海油	15.17	10.01%	15.04亿
2	上海证券交易所	688052	N响芯微	259.58	12.86%	8.43亿
3	上海证券交易所	600036	招商银行	42.50	2.96%	4.64亿
4	上海证券交易所	603259	药明康德	101.60	5.15%	3.06亿
5	深圳证券交易所	300015	爱尔眼科	34.45	6.46%	2.89亿
6	上海证券交易所	601398	工商银行	4.84	1.26%	2.63亿
7	深圳证券交易所	300750	宁德时代	415.34	1.52%	2.63亿
8	上海证券交易所	600863	内蒙华电	3.39	10.06%	2.47亿
9	深圳证券交易所	000656	金科股份	4.53	9.95%	2.39亿
10	深圳证券交易所	000002	万 科A	19.81	2.64%	2.33亿
11	深圳证券交易所	003816	中国广核	2.90	5.84%	1.96亿
12	深圳证券交易所	000001	平安银行	16.06	1.58%	1.94亿
13	上海证券交易所	600011	华能国际	6.97	7.23%	1.81亿

图 3-33　更改数据格式

(3)数据分列。

使用 data_frame[column_name].str[:-1] 进行数据分列,这个表达式的含义是对 data_frame 数据表中特定列的每个单元格(字符串类型)进行操作,去除每个字符串的最后一个字符。代码及运行结果如图 3-34 所示。

```
#将'今日主力净流入'赋值给column_name
column_name='今日主力净流入'
# 移除"今日主力净流入"列中的单位"亿"和"万"
data_frame[column_name] = data_frame[column_name].str[:-1]
#打印表格,不显示行索引
print(data_frame.to_string(index=False))
```

序号	交易所	代码	名称	最新价	涨跌幅	今日主力净流入
1	上海证券交易所	600938	中国海油	15.17	10.01%	15.04
2	上海证券交易所	688052	N响芯微	259.58	12.86%	8.43
3	上海证券交易所	600036	招商银行	42.50	2.96%	4.64
4	上海证券交易所	603259	药明康德	101.60	5.15%	3.06
5	深圳证券交易所	300015	爱尔眼科	34.45	6.46%	2.89

24	上海证券交易所	600021	上海电力	9.23	7.20%	1.07
25	深圳证券交易所	002049	紫光国微	169.00	0.60%	1.06
26	深圳证券交易所	300274	阳光电源	65.15	1.04%	1.05
27	上海证券交易所	603906	龙蟠科技	31.80	10.00%	9863.95
28	深圳证券交易所	002304	洋河股份	142.08	2.96%	9766.55
29	深圳证券交易所	000875	吉电股份	6.78	5.28%	9542.63
30	上海证券交易所	600887	伊利股份	38.35	-0.21%	9405.40
31	上海证券交易所	603176	汇通集团	10.22	10.01%	9381.12
32	上海证券交易所	600702	舍得酒业	150.70	1.48%	8867.74
33	上海证券交易所	600795	国电电力	2.74	5.79%	8669.99

图 3-34　数据分列

(4)统一数据单位。

使用 pd.to_numeric( )函数将指定列的数据转换为浮点数;然后使用 .loc[ ]方法定位前 26 行的数据,将这些数据乘以 10000;最后,使用 to_string( )方法将处理后的整个

数据表格打印出来。代码及运行结果如图 3-35 所示。

```
#将"今日主力净流入"列的内容转换为数值型数据，如果有非法字符，则将其转换为NaN
data_frame[column_name] = pd.to_numeric(data_frame[column_name], errors='coerce')
# 对前26行的"今日主力净流入"列的数据乘以10000
data_frame.loc[:25, column_name] *= 10000
#打印表格，不显示行索引
print(data_frame.to_string(index=False))
```

```
序号    交易所      代码    名称     最新价  涨跌幅  今日主力净流入
 1 上海证券交易所  600938  中国海油    15.17  10.01%  150400.00
 2 上海证券交易所  688052  晶奥芯微   259.58  12.86%   84300.00
 3 上海证券交易所  600036  招商银行    42.50   2.96%   46400.00
 4 上海证券交易所  603259  药明康德   101.60   5.15%   30600.00
 5 深圳证券交易所  300015  爱尔眼科    34.45   6.46%   28900.00
```

```
24 上海证券交易所  600021  上海电力     9.23   7.20%  10700.00
25 深圳证券交易所  002049  紫光国微   169.00   0.60%  10600.00
26 深圳证券交易所  300274  阳光电源    65.15   1.04%  10500.00
27 上海证券交易所  603906  龙蟠科技    31.80  10.00%   9863.95
28 深圳证券交易所  002304  洋河股份   142.08   2.96%   9766.55
29 深圳证券交易所  000875  吉电股份     6.78   5.28%   9542.63
30 上海证券交易所  600887  伊利股份    38.35  -0.21%   9405.40
31 上海证券交易所  603176  汇通集团    10.22  10.01%   9381.12
32 上海证券交易所  600702  舍得酒业   150.70   1.48%   8867.74
33 上海证券交易所  600795  国电电力     2.74   5.79%   8669.99
```

图 3-35　统一数据单位

（5）分组汇总。

使用 groupby( ) 函数按"交易所"列进行分组,使用 sum( ) 函数汇总"今日主力净流入"数量。代码及运行结果如图 3-36 所示。

```
#按"交易所"列分组，计算每个分组中"今日主力净流入"列的总和
grouped_data = data_frame.groupby('交易所')['今日主力净流入'].sum()
#打印结果
print(grouped_data)
```

```
交易所
上海证券交易所    553089.51
深圳证券交易所    332068.35
Name: 今日主力净流入, dtype: float64
```

图 3-36　分组汇总

【任务场景 3-6】对数据进行描述性统计

此次任务的目标是运用 Python 编写程序,对 2022 年上证指数的价格变动进行描述性统计分析,为股票投资提供科学依据,同时也为风险评估和投资策略的制定提供数据支持。

首先读取 2022 年上证指数的价格信息,代码及运行结果如图 3-37 所示。

```
import numpy as np
import pandas as pd
data=pd.read_excel('C:/Users/Administrator/Desktop/data/000001_日线数据.xls')
pd.options.display.float_format='{:.1f}'.format #设置浮点数的显示格式
data.head()
```

	证券代码	证券名称	交易时间	开盘价	最高价	最低价	收盘价	涨跌	涨跌幅%	成交量	成交额
0	000001	上证指数	2022-01-04	3649.2	3651.9	3610.1	3632.3			405027768.0	510251061248.0
1	000001	上证指数	2022-01-05	3628.3	3628.3	3583.5	3595.2	-37.2	-1.0	423902029.0	538963632128.0
2	000001	上证指数	2022-01-06	3581.2	3594.5	3559.9	3586.1	-9.1	-0.3	371540544.0	474284290048.0
3	000001	上证指数	2022-01-07	3589.0	3607.2	3577.1	3579.5	-6.5	-0.2	436306962.0	502891433984.0
4	000001	上证指数	2022-01-10	3572.7	3593.5	3555.1	3593.5	14.0	0.4	356222610.0	443400847360.0

图 3-37　读取上证指数的价格信息

使用 .describe( ) 方法对"收盘价""成交量"两列数据进行描述性统计,代码及运行结果如图 3-38 所示。

```
#选择"收盘价"和"成交量"列，存储在名为"selected_columns"的新数据框中
selected_columns = data[['收盘价', '成交量']]
# 使用 .describe() 方法进行描述性统计
column_stats = selected_columns.describe()
#打印描述性统计结果
column_stats
```

	收盘价	成交量
count	242.0	242.0
mean	3225.6	331564578.8
std	160.0	64459050.3
min	2886.4	189067919.0
25%	3090.4	282217185.0
50%	3219.4	331604214.0
75%	3293.3	376585213.5
max	3632.3	550584131.0

图 3-38　对数据进行描述性统计

通过描述性统计结果,了解收盘价和成交量的分布情况,包括中心趋势、变异程度和分布形状等信息,可以进一步用于数据分析和决策制定。

【素质拓展】

贵州获批建设全国首个国家级大数据综合试验区

2016年2月25日,国家发展改革委、工业和信息化部、中央网信办发函批复,同意贵州省建设国家大数据(贵州)综合试验区,这也是首个国家级大数据综合试验区。

批复提出,坚持创新发展、协调发展、绿色发展、开放发展、共享发展理念,国家大数据(贵州)综合试验区将通过3至5年时间探索,有效打破数据资源壁垒、强化基础设施统筹,打造一批大数据先进产品,培育一批大数据骨干企业,建设一批大数据众创空间,培养一批大数据产业人才,有效推动相关制度创新和技术创新,发掘数据资源价值,提升政府治理能力,推动经济转型升级。

批复要求开展数据资源共享开放试验。2017年底前实现省、市两级政府部门信息系统100%接入"云上贵州"平台。依法开放公共数据,鼓励企业、社会组织和个人进行商业模式创新,孵化大数据增值服务企业。开展数据中心整合利用试验。集聚一批云计算数据中心,形成绿色环保、低成本、高效率的大型区域性数据中心。开展大数据创新应用试验,实施"精准扶贫云"示范工程,建立西部贫困地区大数据精准扶贫的示范应用。推进健康医疗、交通旅游、文化教育等重点民生领域大数据应用,实施大数据惠民工程,提升公共服务水平。

国家大数据(贵州)综合试验区将围绕数据资源管理与共享开放、数据中心整合、数据资源应用、数据要素流通、大数据产业集聚、大数据国际合作、大数据制度创新等七大主要任务开展系统性试验,通过不断总结可借鉴、可复制、可推广的实践经验,最终形成试验区的辐射带动和示范引领效应。

(资料来源:http://whhly.guizhou.gov.cn/,有改动)

思考:贵州省建设全国首个国家级大数据综合试验区有什么意义?

任务5 运用 Python 进行数据挖掘分析

【核心概念】

1. 数据挖掘:是指从大规模数据中,通过自动或半自动的方法,发现其中隐藏的、以前未知的、有实际价值的且可理解的模式、趋势、规律等知识的过程。

2. 关联规则:用于发现数据集中不同属性之间的关联关系,它通常用于购物篮分析等场景,以发现商品或事物之间的相关性。

3. 频繁项集：是指在一个数据集中经常同时出现的一组项(item)的集合。

【学习目标】

1. 能够说出数据挖掘的概念及常用的方法。
2. 能够说出关联规则挖掘的基本概念及流程。
3. 能够运用 Python 进行一对一关联规则挖掘。

【基本知识】

一、Python 中常用的数据挖掘算法

Python 中有许多用于数据挖掘的算法和库。以下是一些常用的数据挖掘算法：

线性回归(linear regression)：用于建立变量之间线性关系的模型。

决策树(decision trees)：通过树状结构来进行分类和回归分析的算法。

随机森林(random forest)：由多个决策树组成的集成学习算法，用于分类和回归分析。

支持向量机(support vector machines，SVM)：用于分类和回归分析的强大算法，特别适用于复杂的数据集。

朴素贝叶斯(naive Bayes)：基于贝叶斯定理的分类算法，常用于文本分类等。

关联规则算法(Apriori)：用于发现数据集中的频繁项集和关联规则的算法。

K 均值聚类(K-means clustering)：将数据集划分为 K 个簇的聚类算法。

层次聚类(hierarchical clustering)：构建树状的聚类结构。

主成分分析(principal component analysis，PCA)：用于降低数据维度的线性变换方法。

神经网络(neural networks)：用于建立复杂模型以学习非线性关系的算法。

二、关联规则挖掘

关联规则挖掘是一种常用于发现数据集中项之间关联关系的技术，常用于购物篮分析，Apriori 算法是关联规则挖掘中最经典的算法之一。"尿布与啤酒"的案例是经典的数据挖掘的案例："啤酒"和"尿布"两个看上去没有关系的商品摆放在一起进行销售获得了很好的销售收益。通过购物篮分析可以帮助零售商了解购物者的购买习惯，以便采取相应的营销策略。

1. 关联规则挖掘的相关概念

表 3-2 所示的交易数据记录了用户的单次消费行为，即交易记录，如 10001 号订单，对应某用户一次性购买了 A、B 两种商品。每条交易记录称为一个事务，这份交易数据包含 4 条事务。交易中的不同商品称为一个项，在这 4 条交易记录中，一共含有 4 个项，即 4 个不同的商品：A、B、C、D。0 个或多个项的集合，可称为一个项集，一般用 {X} 表示项集，K 个项组成的项集，叫 K 项集，如 {A,B}(2 项集)、{A}(1 项集)。4 项商品可以相互组成 15 个项集，项集内不存在相同的项，如图 3-39 所示。

表 3-2　交易数据

ID	items
10001	A,B
10002	A,B,C
10003	D,A,B
10004	D,B

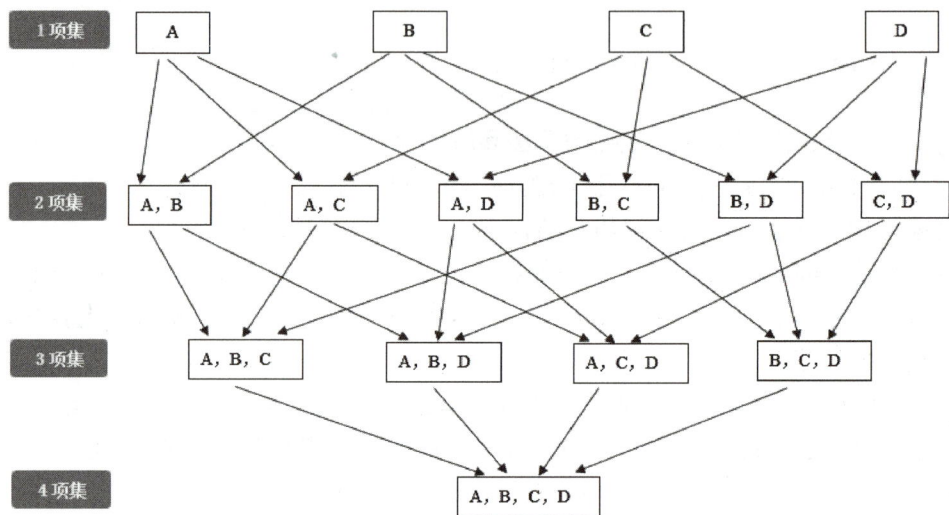

图 3-39　项集

关联分析用关联规则来表示数据之间的联系,表达式为：$\{X\} \rightarrow \{Y\}$(X 和 Y 之间不存在相同项),规则前面的项集叫前件,规则后面的项集叫后件。关联规则的强度可以用它的支持度和置信度来衡量。

支持度(support)可以表示项集在事务中出现的概率(频率),计算公式如下：

$$\{X\} \text{ 的支持度} = \frac{\{X\} \text{ 在事务中出现的次数}}{\text{事务总数}}$$

$\{A, B\}$ 支持度 = $\{A, B\}$ 出现的次数 / 事务总数 = 1/4 = 0.25

置信度(confidence)可用于衡量关联规则的可靠程度,表示在前件出现的情况下,后件出现的概率。一般来说,概率越高,规则的可靠性越强。

$$\{X\} \rightarrow \{Y\} \text{ 的置信度} = \frac{\{X, Y\} \text{ 的支持度}}{\{X\} \text{ 的支持度}}$$

$\{A\} \rightarrow \{C\}$ 置信度 = $\{A,C\}$ 支持度 /$\{A\}$ 支持度 = 0.25/0.75 ≈ 0.33

最小支持度是人为规定的阈值,表示项集在统计意义上的最低重要性。最小置信度也是人为规定的阈值,表示关联规则最低可靠性。只有支持度与置信度同时达到了最小支持度与最小置信,此关联规则才会被称为强规则,满足最小支持度的所有项集,称作频繁项集。

2. 频繁项集的性质

(1) 如果一个项集是频繁的,那么它的所有子集也是频繁的。例如:如果 {A,B} 是频繁的,那么 {A}, {B} 也一定是频繁的。

(2) 如果一个项集是非频繁的,那么它的所有超集也是非频繁的。例如:如果 {A,B} 是非频繁的,那么 {A,B,C}, {A,B,C,D} 也一定是非频繁的。

【任务实施】

【任务场景 3-7】对金融产品进行一对一关联规则挖掘

数据分析师小李为了帮助保险公司更加精准地了解客户需求,制定针对性的营销策略,他将运用 Python 中的关联规则挖掘算法,通过挖掘交易记录中的消费行为和关联性,分析哪些产品的购买往往会同时发生,以及它们之间的频繁组合。

假设有以下数据,每一行代表一个客户同时购买的保险产品的记录,现针对客户的产品购买数据进行一对一的关联规则挖掘。

S1:产品 A　　　　产品 B

S2:产品 C

S3:产品 D　　　　产品 E

S4:产品 A　　　　产品 B　　　　产品 C

S5:产品 B

S6:产品 D　　　　产品 C　　　　产品 E

S7:产品 D　　　　产品 C

S8:产品 B　　　　产品 D

S9:产品 A　　　　产品 B　　　　产品 D

S10:产品 E

操作步骤如下:

(1) 从 apyori 库中调用 apriori 模块,定义数据集,代码及运行结果如图 3-40 所示。

```
# 导入所需的模块
from apyori import apriori

# 定义数据集
data = [['产品A', '产品B'],['产品C'],['产品D', '产品E'],['产品A', '产品B', '产品C'],
        ['产品B'],['产品D', '产品C', '产品E'],['产品D', '产品C'],['产品B', '产品D'],
        ['产品A', '产品B', '产品D'],['产品E']]
data
```

```
[['产品A', '产品B'],
 ['产品C'],
 ['产品D', '产品E'],
 ['产品A', '产品B', '产品C'],
 ['产品B'],
 ['产品D', '产品C', '产品E'],
 ['产品D', '产品C'],
 ['产品B', '产品D'],
 ['产品A', '产品B', '产品D'],
 ['产品E']]
```

图 3-40　调用模块并定义数据集

(2) 运行 Apriori 算法,通过设定最小支持度和最小置信度的阈值,可以生成频繁项集,并通过两两之间的关联规则来分析产品之间的关联关系。找出支持度大于等于 0.2,

置信度大于等于 0.5 的关联规则,代码及运行结果如图 3-41 所示。

```
# 使用 apriori 算法挖掘关联规则
results = list(apriori(data, min_support=0.2, min_confidence=0.5))

# 输出关联规则
for result in results:
    items = result.items
    support = result.support
    confidence = result.ordered_statistics[0].confidence
    print(f"规则: {items} => 支持度: {support}, 置信度: {confidence}")
```
规则: frozenset({'产品B'}) => 支持度: 0.5, 置信度: 0.5
规则: frozenset({'产品D'}) => 支持度: 0.5, 置信度: 0.5
规则: frozenset({'产品A', '产品B'}) => 支持度: 0.3, 置信度: 1.0
规则: frozenset({'产品C', '产品D'}) => 支持度: 0.2, 置信度: 0.5
规则: frozenset({'产品D', '产品E'}) => 支持度: 0.2, 置信度: 0.6666666666666667

图 3-41　运行 Apriori 算法

从结果中可以看出,规则"产品 A →产品 B"的支持度为 0.3,表示同时购买产品 A 和产品 B 的交易量占总交易量的比例为 30%。置信度为 1.0,表示购买产品 A 的顾客中,100% 也购买了产品 B。这意味着购买产品 A 的客户几乎总是会购买产品 B,这两者之间的关联性非常强。

【素质拓展】

大数据在银行业的应用

大数据时代的到来,使得金融数据呈现出爆炸式增长,BCG 曾有报告指出,银行业每创收 100 万美元,平均就会产生 820 GB 的数据。庞大的数据体系所蕴含的价值也在不断体现,金融业对数据的依赖越发加强,众多的金融环节都需要通过对数据的收集和分析完成。

BCG 的研究指出,已有三分之一的海外银行在组织流程中嵌入了匹配的工作方式,识别出更多的商业机会。它们在多年的实践和不断试错后,运用成熟的分析手段,持续地获得有价值的商业洞察。

与此同时,中国金融业也步入了大数据时代的初级阶段。有研究统计,经过多年的发展与积累,国内商业银行的数据量已经达到 100 TB 以上级别,并且正在以更快的速度增长。日渐成熟的大数据技术与金融业务呈现快速融合的趋势,给未来金融业的发展带来重要机遇。

在发展大数据能力方面,银行业堪称是"领军者"。纵观银行业的六个主要业务板块(零售银行、公司银行、资本市场、交易银行、资产管理、财富管理),每个业务板块都可以借助大数据来更深入地了解客户,并为其制定更具针对性的价值主张,同时提升风险管理能力。其中,大数据在零售银行和交易银行业务板块中的应用潜力尤为可观。

大数据的应用能帮助银行在零售与公司业务中实现个性化定价和交叉销售,进行客户细分以及预见客户流失,及时推出增值业务,提升客户忠诚度;在资本业务中提供现金的模式和信号识别,对非结构化数据进行挖掘;在交易银行业务中实现客户细分,为第三方总结深入洞察;在资产管理业务中提供个性化定价;在财富管理业务中实现更具成本效应的财务建议。

（资料来源：https://www.sohu.com/a/112351663_398736，有改动）

思考：银行业如何利用大数据为社会提供有价值的服务？

任务6　运用 Python 进行数据可视化

【核心概念】

Pyplot 模块：是 Matplotlib 库中的一个子模块，它提供了一套简单而强大的绘图工具，可以用于创建各种类型的图表，如折线图、散点图、柱状图等。

【学习目标】

1. 能够说出 Matplotlib 绘制图形的常见方法。
2. 能够运用 Python 绘制柱状图。
3. 能够运用 Python 绘制饼图。
4. 能够运用 Python 绘制线图。

【基本知识】

Matplotlib 是一个用于创建各种类型的静态、动态和交互式可视化的 Python 库，表3-3 所示是运用 Matplotlib 库绘制图形的基本语句。

表3-3　运用 Matplotlib 库绘制图形的基本语句

序号	绘图功能	基本语句举例
1	导入绘图库	import matplotlib.pyplot as plt
2	创建画布	plt.figure（figsize=（8，6））
3	创建线图	plt.plot（x, y）
4	创建散点图	plt.scatter（x, y）
5	创建柱状图	plt.bar（x, y）
6	创建饼图	plt.pie（sizes, labels=labels, autopct='%1.1f%%'）
7	显示图形	plt.show（）
8	添加标题	plt.title（"Title"）
9	添加标签	plt.xlabel（"X Label"） plt.ylabel（"Y Label"）
10	添加图例	plt.legend（）
11	保存图形	plt.savefig（'plot.png'）

【任务实施】

【任务场景 3-8】运用 Python 绘制柱状图

运用 Python 对任务场景 2-10 的数据进行可视化处理。

首先导入绘图库，获取数据。代码及运行结果如图 3-42 所示。

```python
import pandas as pd
import matplotlib.pyplot as plt
data=pd.read_excel('C:/Users/Administrator/Desktop/data/GDP.xlsx')
print(data)
```

	时间	第一产业增加值(亿元)	第二产业增加值(亿元)	第三产业增加值(亿元)
0	2018年	64745.2	364835.2	489700.8
1	2019年	70473.6	380670.6	535371.0
2	2020年	78030.9	383562.4	551973.7
3	2021年	83216.5	451544.1	614476.4
4	2022年	88345.1	483164.5	638697.6

图 3-42　导入绘图库

接下来是绘制柱状图，具体创建流程及代码如图 3-43 所示，运行代码后生成的簇状柱形图如图 3-44 所示。

```python
plt.figure(figsize=(12,6)) #创建一个图形对象，并设置图形的大小
plt.rcParams['font.family'] = ['SIMHEI'] #设置中文字体为黑体
x=data.index #获取x轴坐标
#获取各产业数据列
y1=data['第一产业增加值(亿元)']
y2=data['第二产业增加值(亿元)']
y3=data['第三产业增加值(亿元)']
#绘制柱状图，分别绘制三个产业的柱状图
plt.bar(x-0.2, y1, width=0.2)
plt.bar(x, y2, width=0.2)
plt.bar(x+0.2, y3, width=0.2)
#设置图形标题
plt.title('2018-2022年三大产业增加值柱状图',fontsize=22)
plt.xticks(x,data['时间']) #设置x轴刻度和标签
plt.xticks(fontsize=12) #设置x轴刻度标签的字体大小
plt.yticks(fontsize=12) #设置y轴刻度标签的字体大小
plt.legend(data.columns[1:],fontsize=13) #添加图例，显示数据列的标签
plt.show() #显示图形
```

图 3-43　创建柱状图

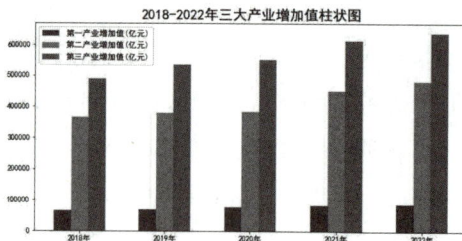

图 3-44　2018—2022 年三大产业增加值柱状图

【任务场景 3-9】运用 Python 绘制饼图

运用 Python 对任务场景 2-11 的数据进行可视化处理。

首先导入绘图库，获取数据。代码及运行结果如图 3-45 所示。

```python
import pandas as pd
import matplotlib.pyplot as plt
data=pd.read_excel('C:/Users/Administrator/Desktop/data/GDP.xlsx')
print(data)
```

	时间	第一产业增加值(亿元)	第二产业增加值(亿元)	第三产业增加值(亿元)
0	2022年	88345.1	483164.5	638697.6

图 3-45　导入绘图库

接下来是绘制饼图，具体创建流程及代码如图 3-46 所示，运行代码后生成的饼图如图 3-47 所示。

```python
plt.figure(figsize=(10,6)) #创建一个图形对象，并设置图形的大小
plt.rcParams['font.family'] = ['SIMHEI'] #设置中文字体为黑体
x=data2.iloc[0,1:].values #获取数据列
autopct='%.2f%%' #定义饼图的百分比格式
textprops={'fontsize':15,'color':'black'} #设置文本属性
explode=[0.1,0,0] #指定饼块的偏移量，设置爆炸效果
colors=['cornflowerblue','salmon','yellowgreen'] #定义饼图各扇形的颜色
plt.pie(x,autopct=autopct,textprops=textprops,explode=explode,colors=colors,radius=1) #绘制饼图
plt.title('2022年三大产业增加值对比图',fontsize=20) #设置图形标题
plt.legend(labels,fontsize=8,loc='upper right') #添加图例，设置图例的字体大小和位置
plt.show() #显示图形
```

图 3-46　绘制饼图

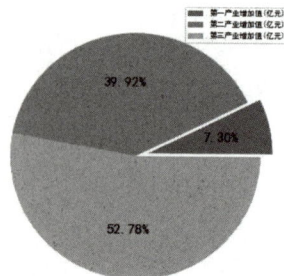

图 3-47　2022 年三大产业增加值对比图

【任务场景3-10】运用Python绘制折线图

运用Python对任务场景2-8的数据进行可视化处理。

首先导入绘图库,获取数据。代码及运行结果如图3-48所示。

```
import pandas as pd
import matplotlib.pyplot as plt
data3=pd.read_excel('C:/Users/Administrator/Desktop/data/index.xlsx')
data3.head()
```

	日期	美元指数	沪金主力连续
0	2023-03-10	104.6502	417.60
1	2023-03-13	103.6372	421.20
2	2023-03-14	103.6803	426.36
3	2023-03-15	104.7396	426.54
4	2023-03-16	104.4183	430.48

图3-48　导入绘图库

接下来是绘制线图,具体创建流程及代码如图3-49所示,运行代码后生成的双折线图如图3-50所示。

图3-49　绘制线图

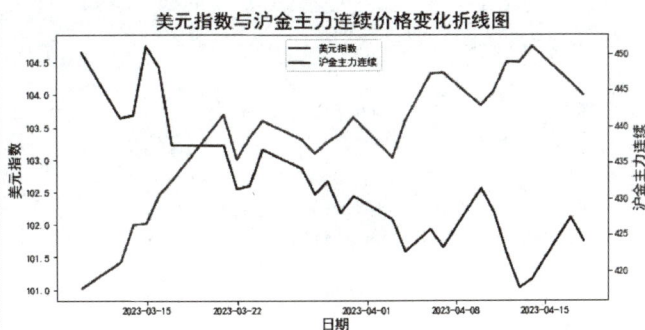

图3-50　美元指数与沪金主力连续价格变化折线图

项目小结

项目三介绍了Python的基础应用和常用模块NumPy、Pandas、Matplotlib,以及运用Python进行数据采集、处理、挖掘以及可视化的基本知识。通过任务场景实训,我们运用Python程序设计了汇率兑换器;运用Python从网页和本地文件获取数据;运用Python进行了数据清洗、标准化处理和描述性统计分析;运用Python对金融产品进行一对一关联规则挖掘;运用Python绘制了柱状图、饼状图、折线图。通过实际场景的应用,我们加深了对Python在金融数据分析中的应用的理解,提升了应用能力。

思考题

1. NumPy、Pandas和Matplotlib这些Python库在数据分析中有什么作用?
2. 请简要描述运用Python进行数据清洗的一般步骤。
3. 什么是关联规则挖掘?它在金融数据分析中有什么应用?

项目四

商业数据分析与可视化实训

任务 1　商业数据预处理

【核心概念】

数据预处理：数据预处理是指在将数据应用于机器学习或统计分析模型之前，对原始数据进行清洗、转换和处理的过程。其目的是使数据更适合于模型的训练和分析，以提高模型的性能和准确性。

【学习目标】

1. 能够说出缺失值、重复值、错误数据处理的方法。
2. 能够运用 Python 处理缺失数据。
3. 能够运用 Python 处理重复数据。
4. 能够运用 Python 处理异常数据。
5. 能够运用 Python 进行数据表合并。

【基本知识】

数据的质量直接关乎最后数据分析出来的结果，如果数据存在错误，在后续计算、统计、分析、挖掘时，结果也会有误。所以在进行数据分析之前，我们必须要对数据进行清洗。数据清洗是对数据进行重新审查和校验的过程，发现并纠正数据文件中可识别的错误，主要包括缺失值、重复值、异常值的处理。

一、缺失值的处理

1. 缺失值产生的原因

由于数据来源的不确定性和复杂性，数据中难免会存在字段值不全、缺失等情况。产生这个问题可能的原因主要有：从来没有填过此数据；数据不可用；计算错误。

2. 处理缺失数据的方法

无论什么原因，只要有缺失值的存在，就会引起后续的数据分析的错误。处理缺失数据的方法如下：

（1）将缺失数据赋值默认值，适用于数据比较重要，不能修改的情况，将空值设置为"无""0"等。

（2）用平均值 / 众数 / 中位数填补缺失值，若空值是数值型的，可以用平均值填充；若空值是非数值型的，可以用众数填充。

（3）删除缺失值，适用于缺失数据所占比例很小的情况，删除的数据对数据分析影响不大。

二、重复值的处理

重复值是指同样的数据在数据库中被存储了多次,重复值会造成后续数据分析出现错误,所以在预处理时需要删除多余记录,仅保留一条即可。

三、错误数据的处理

错误数据主要指前后有矛盾的数据,对于错误数据,第一选择是通过分析得出正确的记录信息并人工修复,若无法修复则删除样本。错误数据处理还包括对异常值的处理。样本数据中有时会出现一些拼写错误,或者不合常规的数据,处理此类数据时可以选择人工修复。

四、合并表格

在数据分析项目中,数据往往是根据不同的业务节点存储的,但是我们在进行数据分析的时候一般是需要从前到后一环接一环地进行分析,这就需要将存储在不同地方的数据聚合到一起。只有这样,才能从不同的业务环节中找到规律或问题,从而促进业务的发展。表与表之间的合并就是一个不可或缺的操作。

五、相关函数

数据预处理的相关函数如表 4-1 所示。

表 4-1　数据预处理的相关函数

函数	说明
read_excel（）	读取文件
info（）	查看摘要
isnull（）	查看空值
fillna（）	缺失数据填充
duplicated（）	查看重复值
drop_duplicates（）	删除重复值
value.counts（）	查看表格中某列值的个数
replace（）	替换
merge（left,right,on='name',how='left'）	merge 函数将两个 DataFrame（数据集）按关联键合并。 left：需要拼接的左侧的 DataFrame。 right：需要拼接的右侧的 DataFrame。 on：用于连接的关联键（列名），在左右两个 DataFrame 中必须同时存在。 how：连接方式,分为 inner（内连接）、left（左外连接）、right（右外连接）、outer（全外连接）

函数	说明
concat（[df1,df2],axis=0）	concat 函数将两个 DataFrame 数据框中的数据通过 axis 参数指定是在行还是列方向进行合并。 [df1,df2]：需要被拼接的两个 DataFrame。 axis:axis 参数值为 0 表示按行方向合并，值为 1 表示按列方向合并
left.join（right）	join 函数提供了一个简便的方法用于将两个 DataFrame 中的不同的列索引合并成为一个 DataFram。 left:需要拼接的左侧的 DataFrame。 right:需要拼接的右侧的 DataFrame。 注意：默认按索引合并，可以合并相同或相似的索引，不管它们有没有重叠列。join 函数可以连接多个 DataFrame
df1.append（df2）	append 函数将其他行追加到原数据的末尾，并返回一个新的数据表。 df1：需要拼接的第一个数据表。 df2：需要拼接的第二个数据表

【任务实施】

【任务场景 4-1】金融企业客户数据预处理

本次任务以"i 理财"为案例企业,分析企业的主要受众人群。"i 理财"是一家提供智能理财的平台,而明确企业的受众群体,并进行精准营销是平台营销的关键,所以数据分析师会运用 Python 分析企业的受众群体。首先需要从"i 理财"客户数据库中下载用于分析企业受众群体的目标数据表,运用 Python,将目标数据表读取到 Pandas 库中,对数据中的缺失值、重复值、异常值等脏数据进行处理,然后再通过制作可视化图形,分析"i 理财"主要受众人群。

步骤一:数据读取。

本次任务需要从年龄、学历、职业、年收入、投资的金融产品以及投资渠道信息分析企业的受众群体,需要从"i 理财"的数据库中下载可以分析出企业受众群体的数据表,保存为 Excel 表格的形式。"i 理财"的数据库如图 4-1 所示。

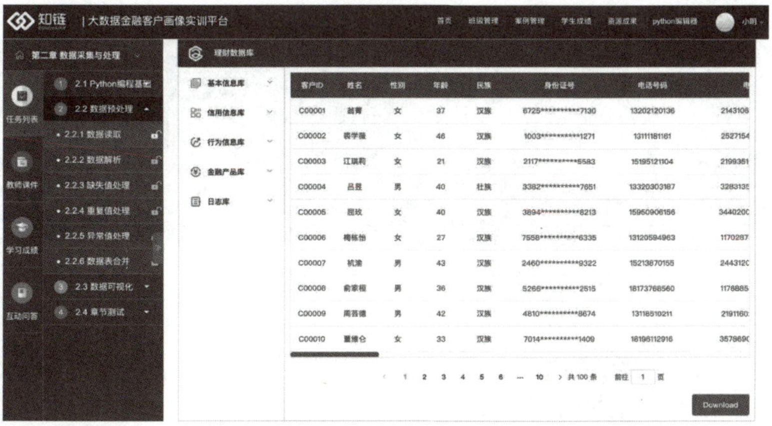

图 4-1 "i 理财"的数据库

观察理财数据库可以发现,本次任务目标数据表为"基本信息表 .xlsx"和"交易信息表 .xlsx",如图 4-2 所示。

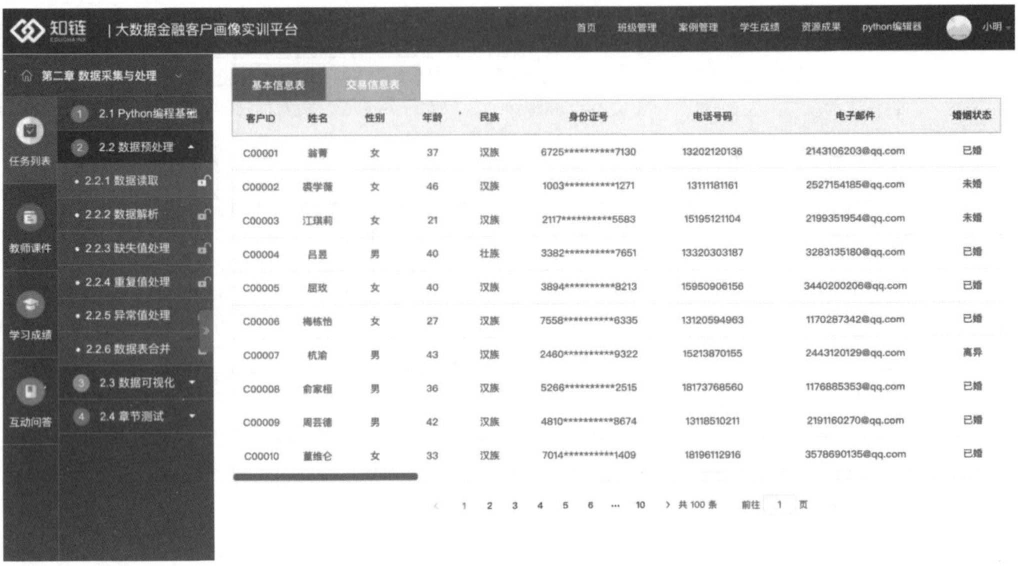

图 4-2　目标数据表

在代码编辑器中输入 Python 语句,导入 Pandas 库,并将下载下来的"基本信息表 .xlsx"和"交易信息表 .xlsx"读取到 Pandas 库中。"基本信息表 .xlsx"命名为 df1,"交易信息表 .xlsx"命名为 df2(见图 4-3),语句输入完成后,点击【运行】按钮,查看运行结果。

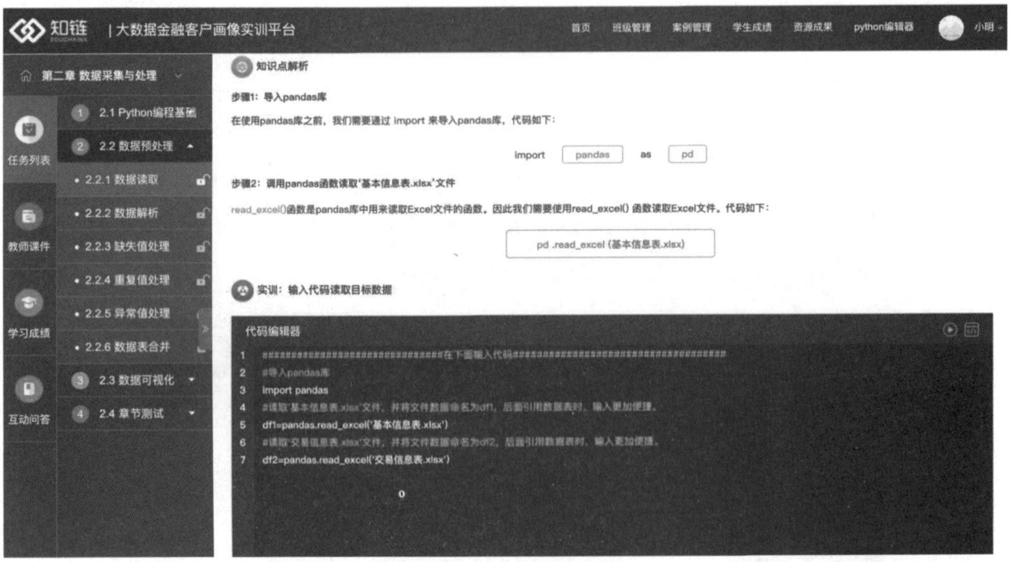

图 4-3　读取目标数据

步骤二:数据解析。

Pandas 中的 info( ) 函数用于查看数据的摘要,显示有关整个文件的信息,包括索引的数据类型和列的数据类型、非空值的数量等信息。语句输入完成后(见图 4-4),点击【运行】按钮,查看运行结果(见图 4-5、图 4-6)。

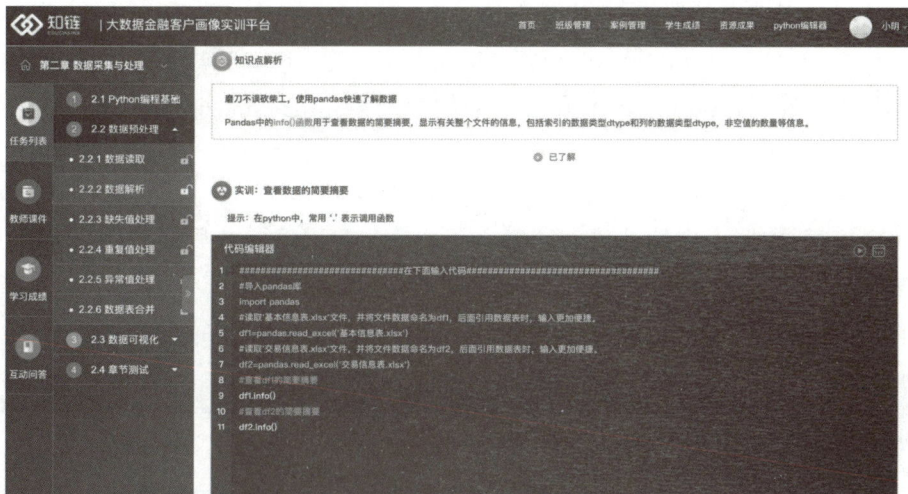

图 4-4 查看摘要

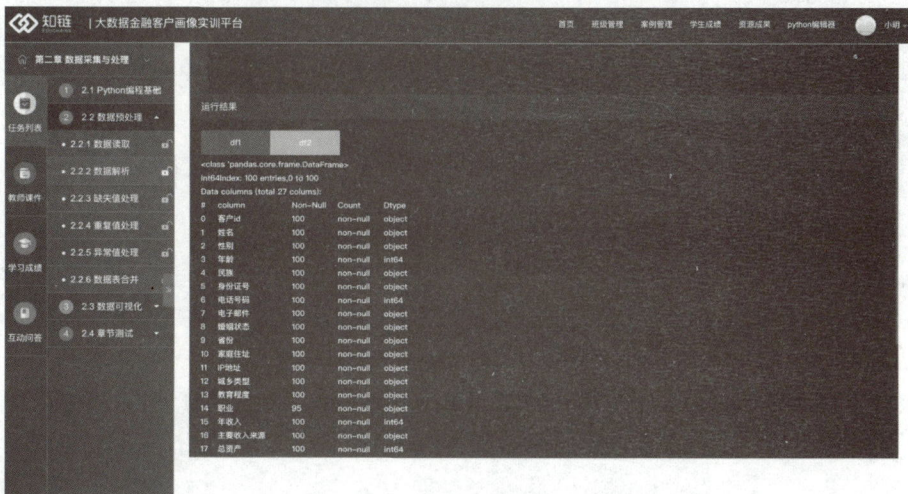

图 4-5 df1 摘要

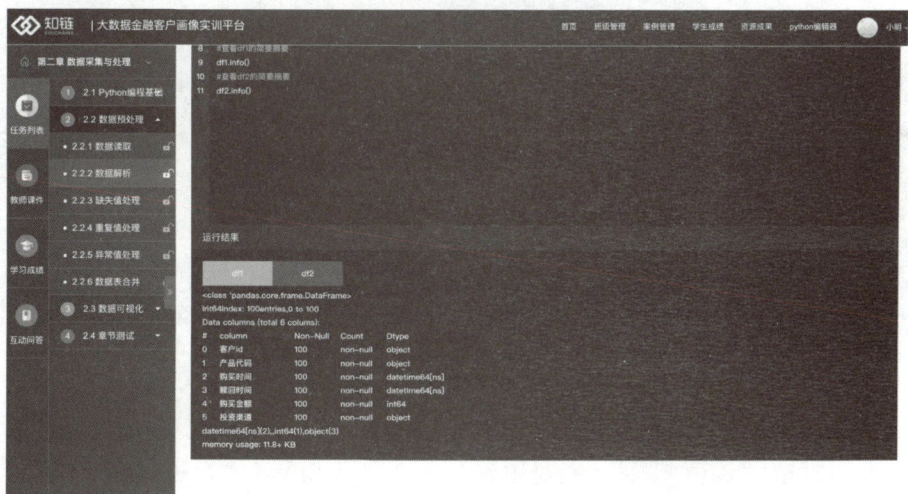

图 4-6 df2 摘要

从运行结果中可以看出来,df1 中共有 27 列、100 行,其中 1 列的数据类型是 float64,9 列的数据类型是 int64,17 列的数据类型是 object,其中"职业"字段是有缺失值的。

df2 中共有 6 列、100 行,其中有 2 列的数据类型是 datetime64[ns],1 列的数据类型是 int64,3 列的数据类型是 object。

步骤三:缺失值处理。

首先看一下数据表中的缺失值总数。可以在 isnull( )函数后面调用 sum( )函数查看目标数据表 df1 中每列包含的空值总数。语句输入完成后(见图 4-7),点击【运行】按钮,查看运行结果(见图 4-8)。

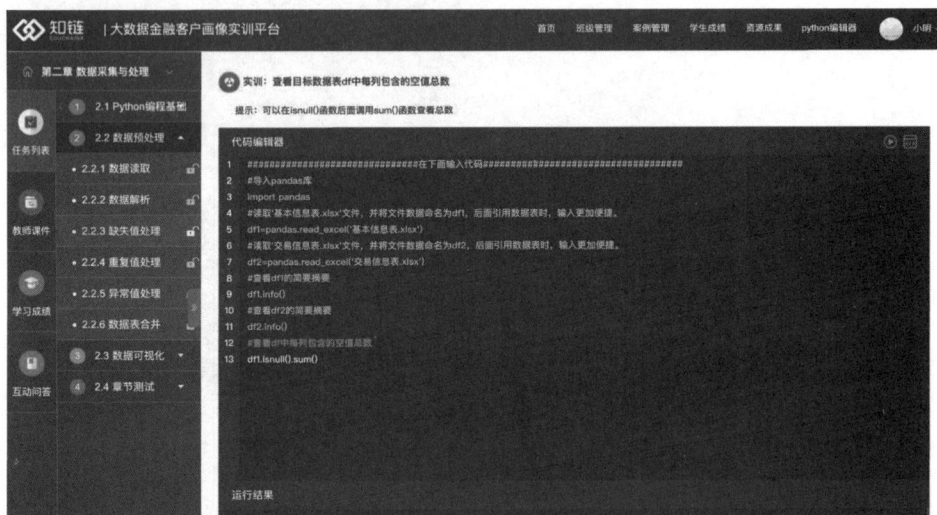

图 4-7 查看缺失值代码

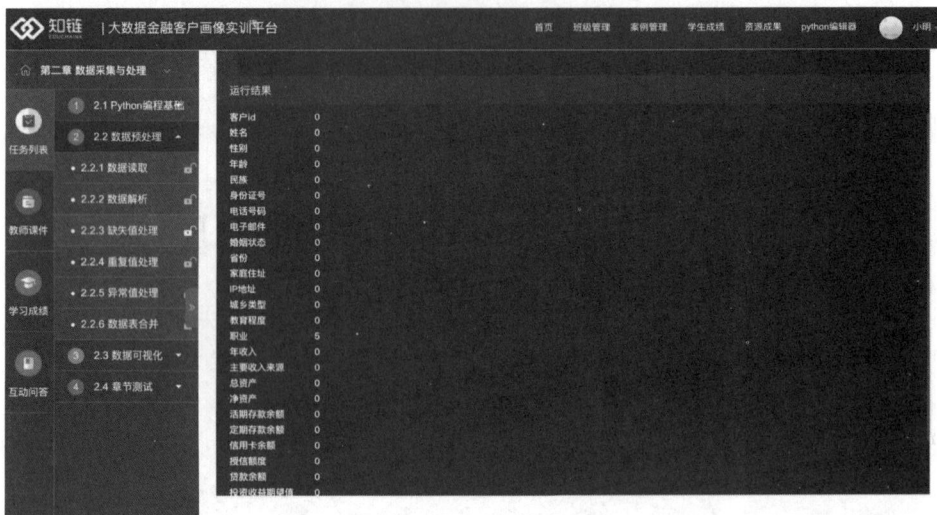

图 4-8 查看缺失值运行结果

结果显示,有 5 条样本数据的"职业"是空缺值,本任务采用空缺值处理的第一种方法:将缺失值赋值默认值"无"。主要用到了 < 表名 >.fillna( )方法,代码及运行结果如图 4-9 和图 4-10 所示。

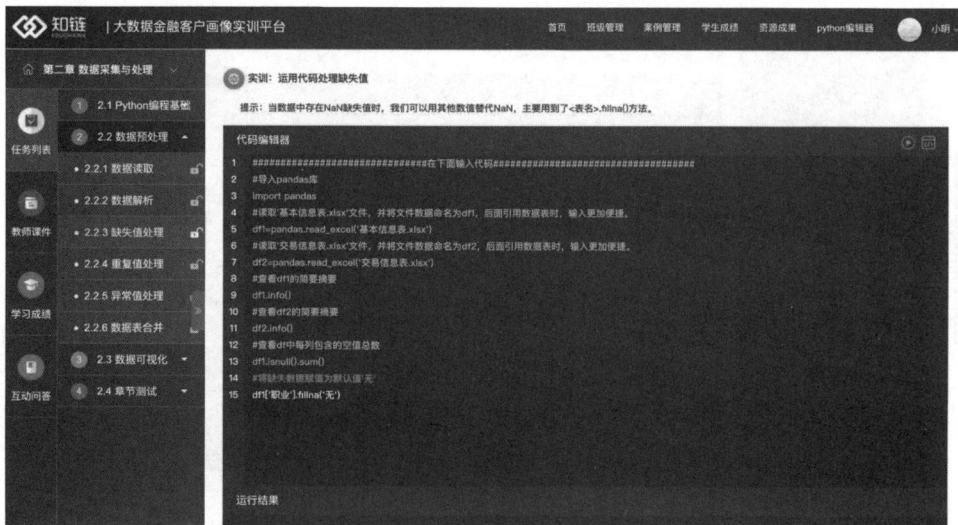

图 4-9　处理缺失值代码

图 4-10　处理缺失值运行结果

步骤四：重复值处理。

首先检查一下数据表中的重复值个数，可以在 duplicated( ) 函数后面调用 sum( ) 函数查看总数。语句输入完成后，点击【运行】按钮，可以看到数据表中有 6 个重复值（见图 4-11）。

数据表后引用 drop_duplicates( ) 函数可以删除重复值（见图 4-12）。

步骤五：异常值处理。

拼写错误是非常常见的错误，尤其是在数据采集中涉及人工采集时。查看某列的数据分类可以快捷地检查该列有没有拼写错误，通常引用 value_counts( ) 函数查看表格中某列有哪些不同值，并计算不同值的个数（见图 4-13、图 4-14）。

通常引用 replace 函数改正出现拼写错误的数据。< 表名 >.['< 列名 >'].replace({ '< 原始值 >' : '< 替换值 >' }) 可用于改正出现拼写错误的数据。

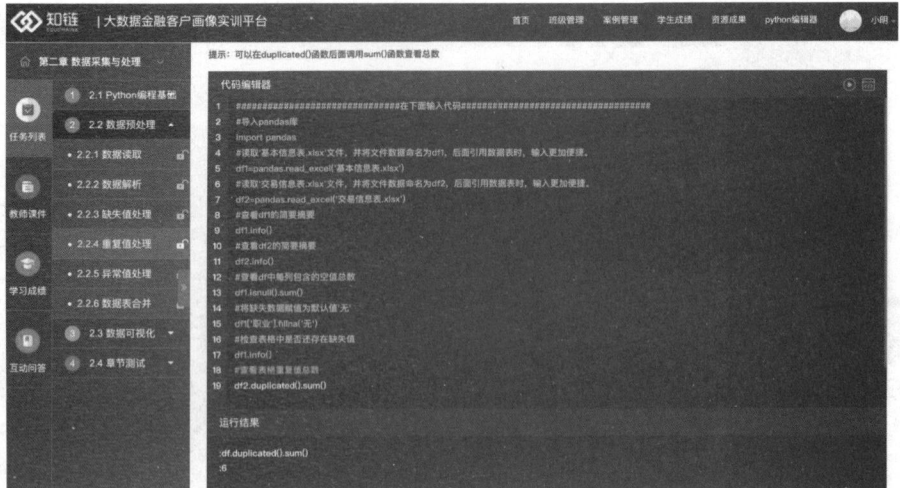

图 4-11　查看重复值总数

图 4-12　删除重复值

图 4-13　查看异常值代码

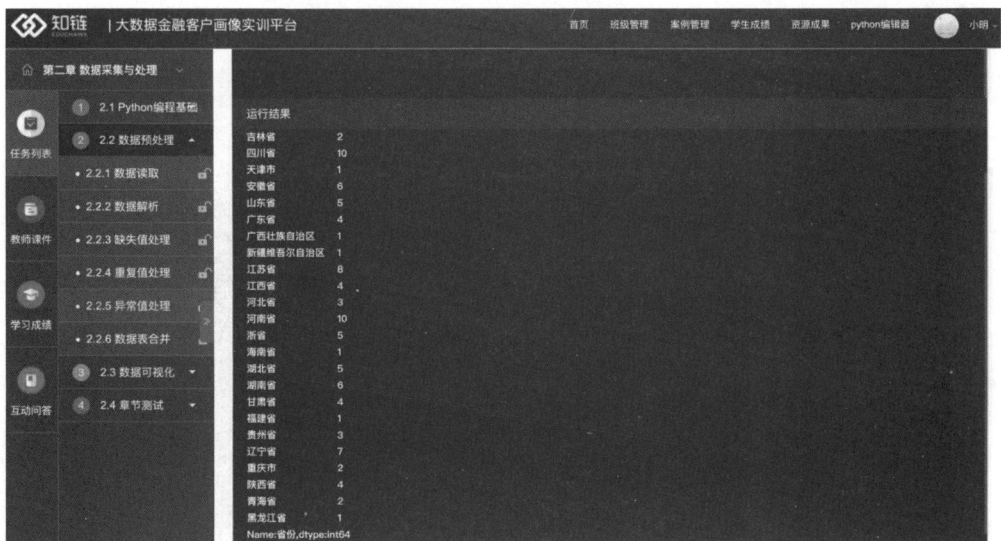

图 4-14　查看异常值运行结果

从显示的结果中发现，"浙江省"被错误地写成"浙省"，需要改正拼写错误的值。使用 replace( )方法来修改错误数据，代码如图 4-15 所示。

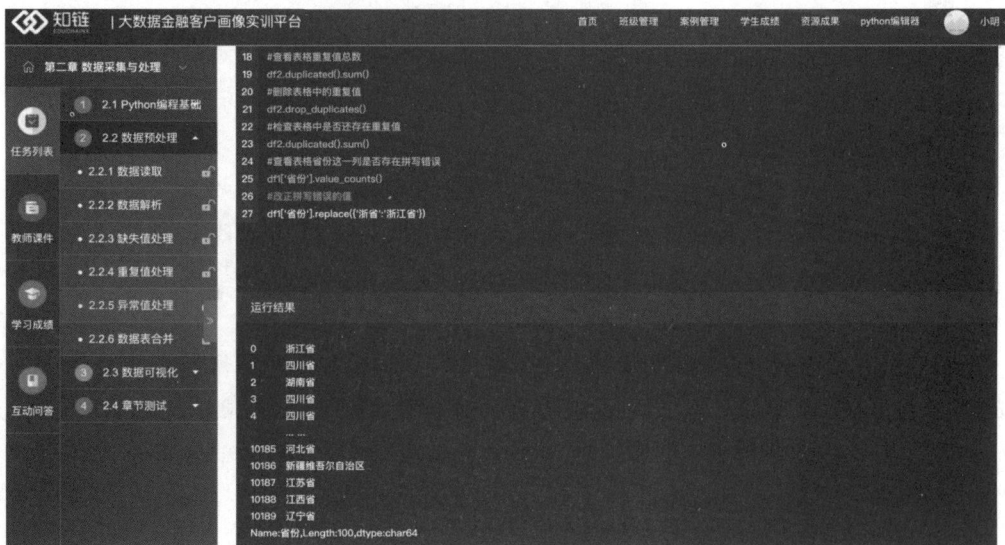

图 4-15　修改错误数据

步骤六：数据表合并。

进行数据分析的时候，我们需要花费大部分时间在数据准备上，包括对数据的读取、清理以及合并。因为我们分析的是两张数据表，为了便于数据分析，我们需要将两张数据表进行合并。

交易信息表中的客户来自于基本信息表，所以是通过"客户 ID"，将交易信息表连接到基本信息表中。Pandas 提供了一组高级的、灵活的、高效的核心函数——merge 函数，能够轻松地将数据进行重塑。重塑包括多个表格合并、单个表格中的数据合并、复合表合并等。多个表格合并代码如下(见图 4-16)：

pd.merge(left,right,how='left',on=['< 列名 >'])

图 4-16　数据表合并

【素质拓展】

浅谈数据安全的重要性

随着数字化时代的到来,数据已经成为企业经营的重要组成部分。然而,数据的泄露、丢失和被黑客攻击等问题也愈发严重,引发了人们对数据安全的担忧。

一、什么是数据安全?

《中华人民共和国数据安全法》第三条,关于数据安全的官方定义,是指通过采取必要措施,确保数据处于有效保护和合法利用的状态,以及具备保障持续安全状态的能力。简言之是指保护数据不被非法、未经授权访问、使用、修改、破坏或泄露的一系列措施和技术。

数据安全包括安全策略和过程的规划、建立与执行,为数据和信息资产提供正确的身份验证、授权、访问和设计。虽然数据安全的详细情况因行业和国家有所不同,但是数据安全实践的目标是相同的,即根据隐私和保密法规、合同协议及业务要求来保护信息资产。

二、数据安全的重要性

在数字化时代,数据已然被视为一种有价值的资产,数据安全自然成为企业不容忽视的问题。数据安全的重要性不言而喻。

首先,从政策角度而言,数据安全事件愈演愈烈,包括 2023 年一直处于风口浪尖的 ChatGPT,同样陷入数据安全的泥潭,引发热议。数据安全倒逼相关法律法规的陆续出台和完善。

其次,从企业角度而言,数据是企业的命脉,例如财务报表、客户资料、员工档案等都是公司的重点数据。财务数据一旦丢失,所有的计划与交易可能都会因为财务数据丢失的不明朗因素而导致搁浅,造成企业直接的损失。如果企业未能保护客户的个人信息而导致数据泄露,还将面临法律诉讼和罚款。

此外,人才作为一个企业的重要支撑,是一个企业能持续发展的根本,也是核心竞争力的体现。如果人事数据丢失或者泄密的话,后果可想而知。

产品研发是制造型企业生存的根本,其拥有的知识产权、专利,如技术、设计、创意等,这些都是企业的重要财富。

因此,企业需要保护客户和员工的个人信息、财务信息等敏感数据,以及企业的商业机密和知识产权等重要信息。

（资料来源：https://baijiahao.baidu.com/s?id=17629634197909l7439&wfr=spider&for=pc,有改动）

思考:如何做好数据安全合规工作? 请举例说明。

任务 2　商业数据可视化

【核心概念】

数据可视化:指的是将测量或计算产生的数字信息以图形图像的形式呈现给研究者,使他们能够更加直观地观察和提取数据表示的信息。

【学习目标】

1. 能够说出数据可视化的概念及优势。
2. 能够描述商业数据可视化的流程。

【基本知识】

一、数据可视化概念

数据可视化的基本思想是:每个数据作为单个图元表示(比如点、线段等),大量的数据构成由多个图元组成的图形,数据的分类属性以多维的形式表示,使得人们能够从不同的维度观察数据,以便对数据进行更深入的分析。

二、数据可视化优势

数据可视化的优势主要有四点:

一是速度快,人脑对视觉信息的处理要比书面信息快 10 倍。使用图表来总结复杂的数据,可以确保人们对关系的理解要比那些混乱的报告或电子表格更快。

二是多维度显示数据,在可视化的分析下,数据可以按其每一维的值分类、排序、组合和显示,这样就可以看到表示对象或事件的数据的多个属性或变量。

三是数据的直观展示,大数据可视化报告使我们能够用一些简单的图形体现那些复杂信息,甚至单个图形也能做到。决策者可以轻松地解释各种不同的数据源。

四是加强记忆,很多研究已经表明,在进行理解和学习的任务的时候,图文一起能够帮助读者更好地了解所要学习的内容,图像更容易理解、更有趣,也更容易让人们记住。

三、绘图模块 Pyplot

Python 绘图模块——Pyplot 隶属于 Matplotlib 绘图工具库,模块中封装了一套类似MATLAB 命令式的绘图函数,用户只要调用 Pyplot 模块中的函数,就可以快速绘图。Pyplot 绘图模块的引入方式:import matplotlib.pyplot as plt。

Pyplot 绘图方法如表 4-2 所示。

表 4-2　Pyplot 绘图方法

方法	说明
plt.figure（figsize=None, facecolor=None）	创建绘图区域
plt.axes（rect, projection,axisbg）	创建坐标系风格的子绘图区域
plt.subplot（nrows, ncols, index）	在当前绘图区域中创建一个子绘图区域
plt.subplots（nrows, ncols, index）	在当前绘图区域中创建多个子绘图区域

【任务实施】

【任务场景 4-2】商业数据可视化

明确企业的受众群体并进行精准营销是平台营销的关键,本任务以"i 理财"为案例企业,基于清洗处理后的数据,调用 Matplotlib 可视化库,制作柱状图、饼状图、散点图等可视化图形,分析"i 理财"主要受众人群。以下以分析年龄、职业、年收入分布情况为例。

步骤一:年龄分布分析。

首先看一下清洗处理后的客户基本信息及交易信息数据表(见图 4-17),然后根据各图形数据分析的特点,选择适合的图形分析该指标的客户分布情况。

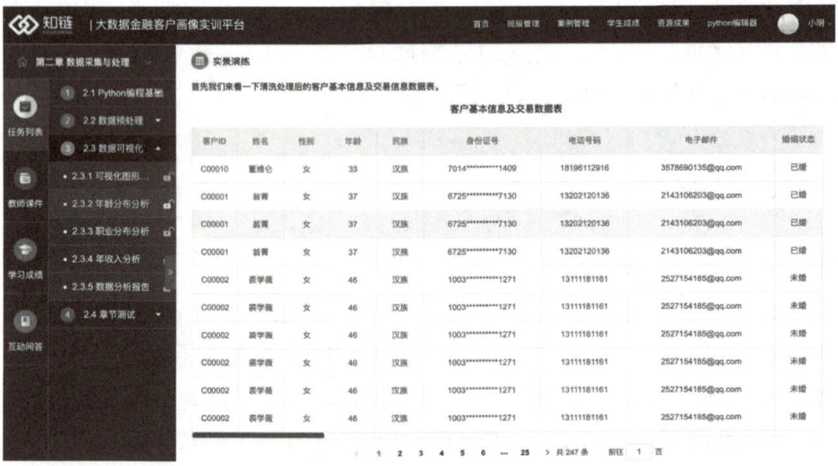

图 4-17　客户基本信息及交易数据表

年龄分布分析可以选择饼状图,通过调用 .pie( ) 绘制饼状图。语句输入完成后(见图 4-18),点击"运行"按钮,可以发现"i 理财"的受众群体主要集中在 36~50 这个年龄段(见图 4-19)。

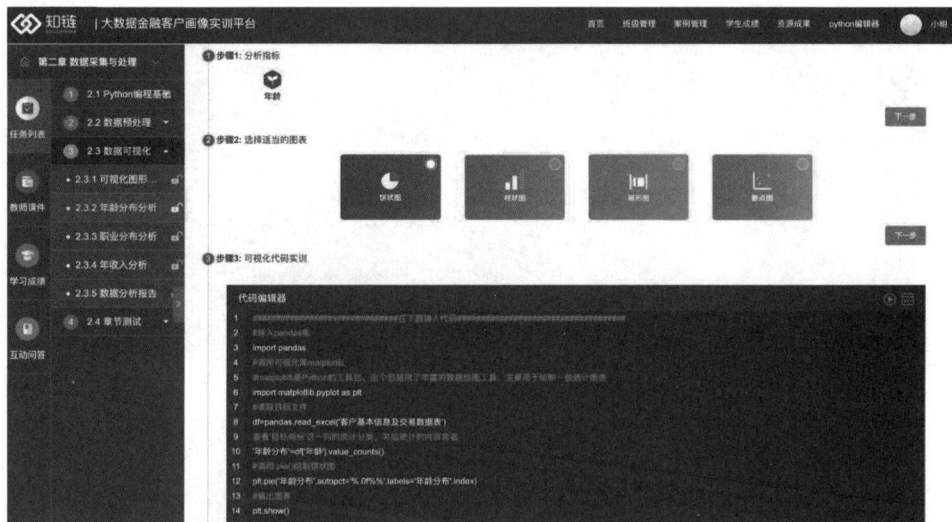

图 4-18 绘制饼状图代码

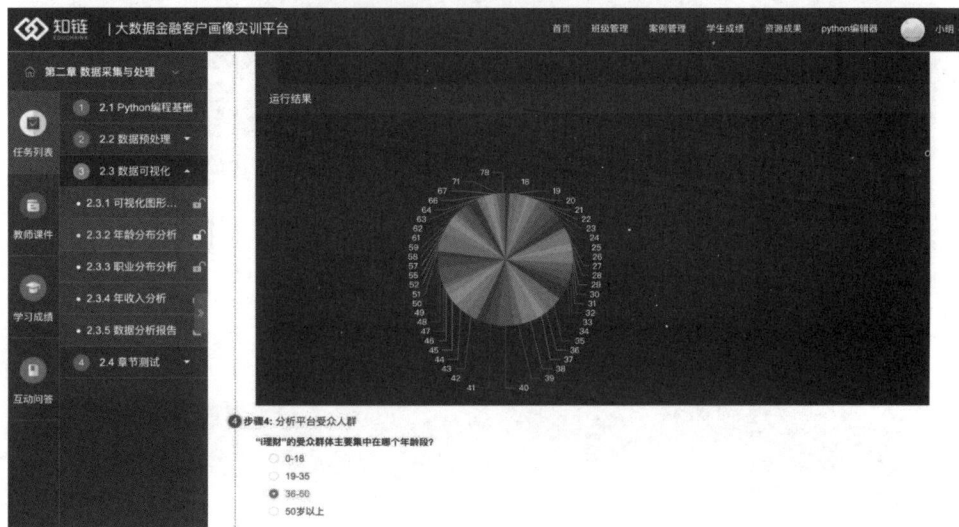

图 4-19 绘制饼状图运行结果

步骤二:职业分布分析。

职业分布分析可以选择柱状图。语句输入完成后(见图 4-20),点击"运行"按钮,可以发现"i 理财"的受众群体中"生产、运输设备操作人员及有关人员"的数量最多(见图4-21)。

步骤三:年收入分布分析。

本步骤分析客户"年收入"与"风险识别和风险承受能力"两者有没有关系,可以通过"散点图"进行分析。散点图用两组数据构成多个坐标点,通过坐标轴表示两个变量之间是否存在某种关联或总结坐标点的分布,这里 .regplot( ) 函数可以绘制散点图和进行线性回归模型拟合。代码及运行结果如图 4-22 和图 4-23 所示。

图 4-20　绘制柱状图代码

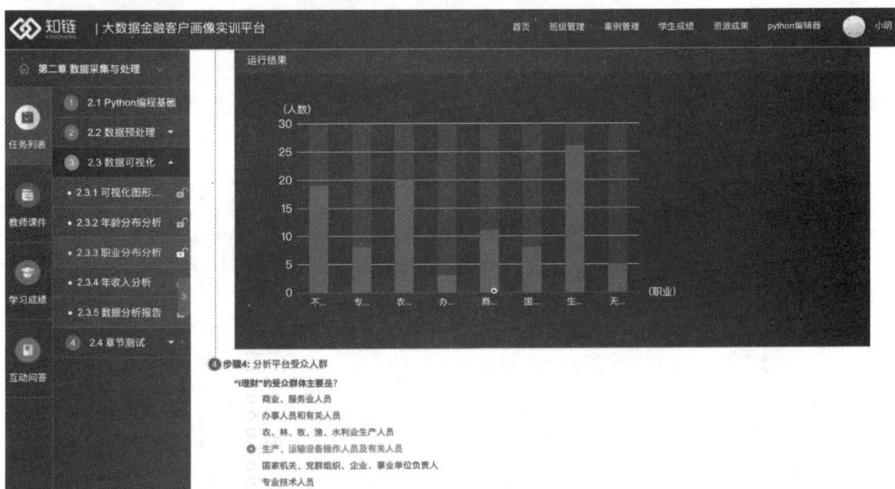

图 4-21　绘制柱状图运行结果

图 4-22　绘制散点图代码

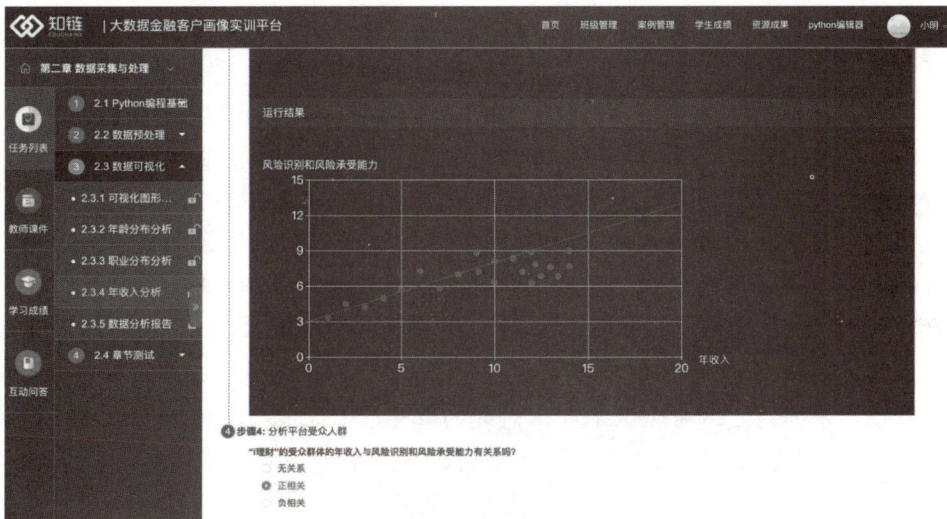

图 4-23　绘制散点图运行结果

　　从运行结果中可以看出,受众群体的年收入与风险识别和风险承受能力成正相关关系,也就是说,年收入越高,风险识别和风险承受能力越强,反之越弱。

【素质拓展】

可视化思维的意义和作用

　　从推开 21 世纪的大门的那一刻开始,人类社会就进入了一个前所未有的高速发展之中,人类的生存方式正在经历着一场前所未有的巨大变革。科学技术以远高于任何一个时期的速度不断更迭人类社会的生活和发展,科技的进步使得人类社会获得了极大的发展。在信息化的大浪潮之下,我们数年的信息量,就可能超越以往人类社会所有信息量的总和。急速的知识爆炸时代,获取知识的方法比知识本身更加重要。

　　构建系统的知识体系,需要必要的工具。思维传播大部分是通过语言和文字,但是思维的表达除了文字和语言之外,图形图像、色彩、符号等更加鲜明的表现形式对比于传统的语言和文字有更加直观和易懂的表现魅力。于是,可视化思维(visual thinking)这种将思维外显的工具随之发展起来。

　　可视化思维是指运用一系列图示技术把本来抽象的思维(思考方法和思考路径)呈现出来,使其过程清晰可见,结果得以外显的一种思维能力。可视化的"思维"更有利于理解和记忆,可以有效提高信息加工及信息传递的效能,简单说就是"一图胜万字"。

　　目前全球可视化思维相关的科研主要来自于教育学、心理学、管理学等领域,并且诞生了很多提升学习和思维过程的"实用性工具"。例如:美国大卫·海勒(David Hyerle)博士开发出的思维导图 thinking map;英国大脑专家托尼·博赞(Tony Buzan)发明的思维导图 mind map;英国剑桥大学的爱德华·德·波诺(Edward de Bono)博士开发的"六项思考帽";心理学家约瑟夫·D. 诺瓦克(Joseph D. Novak)于 1970 年在康奈尔大学提出的概念图(concept map)技术;日本管理大师石川馨先生所发明的鱼骨图,等等。

在传统思维产生和交流过程中,思维的过程是不可见的。然而,思维的发展并不只是答案的积累,而是来自于思维的方法和过程。而这就要求我们必须把"看不见的"思维的过程和方法清晰地呈现出来。可视化的思维更有利于理解和记忆,可以有效提高信息加工及信息传递的效能。

思维的价值在于其可展示的价值,而思维可视化则是思维最直接的展现形式,是运用可视化图示技术把思考方法和思考路径呈现出来,使其清晰可见的过程。借助可视化思维这种工具能够帮助我们在学习和思维的过程中更加迅速、便捷和高效。

爱因斯坦认为"思维比知识更重要",在探索未知领域的过程中,人类获取了思维这把利器。人类把思维投射于身外的宇宙,逐渐认识了天地的起源、生物的演化;人类把思维投射于人类自身,逐渐认识了人体内部的秘密,认识了人类的历史。在思维的传播中,主要有两个媒介:文字和图像。文字出现之前,"图"的作用似乎更为重要,因为我们更相信能"看到的历史",于是我们对于艺术家的画作,是如此热衷,那些由线条和色彩所组成的作品,在人们手中价值连城。

或许正是因为发现了"图"的重要性,它可以那么切合地与"思维"相融,于是"思维可视化"这种概念迅速地流行了起来,人类历史上那些耀眼的"明星"也因为获得了这把无往不利的武器创造了璀璨耀眼的光辉文明。

(资料来源:https://zhuanlan.zhihu.com/p/344167906,有改动)

思考:可视化思维的优势是什么? 具有什么作用?

项目小结

项目四介绍了商业数据预处理的关键步骤,包括处理缺失值、重复值、错误数据,以及合并表格等,还介绍了商业数据可视化的概念和优势,以及绘图模块 Pyplot 的基本用法。通过对金融企业客户数据的预处理,我们深入了解了预处理方法的实际应用;通过运用 Python 的 Matplotlib 库进行商业数据可视化,进一步提升了数据分析和展示能力。

思考题

1. 请描述商业数据预处理的工作流程,并说明处理不同缺失值的方法。

2. 商业数据可视化的优势是什么? 请列举一个场景,说明在该场景下可视化展示的好处。

項目五
数据化金融风控实训

任务 1　信用卡反欺诈

【核心概念】

1. 信用卡欺诈:指利用信用卡非法获取资金或逃避偿还债务的行为,例如盗用他人身份、伪造信用卡、恶意透支等。

2. 反欺诈技术:指利用各种技术和方法来识别和预防信用卡欺诈的行为,例如身份验证、交易监控、风险评估等。

3. 数据化风控技术:指利用大数据、机器学习等信息技术来进行风险控制和管理的方法,例如构建风险模型、分析交易数据、预测风险等。

4. 逻辑回归:逻辑回归可以用于构建模型,预测某个申请是否为欺诈申请。

【学习目标】

1. 能够说出信用卡欺诈的常见类型和手段。
2. 能够列举国内外信用卡反欺诈的相关法律法规和行业标准。
3. 能够运用特征工程来区分欺诈交易与正常交易。
4. 能够描述有监督学习的信用卡反欺诈模型构建流程。

【基本知识】

一、信用卡概述

1. 信用卡的起源与发展

信用卡的起源可以追溯到 19 世纪,当时人们需要一种方便的方式来购物和支付账单。最初的手写信用卡是由英国的服装业、商业部门和旅游业发展出来的,但当时的信用卡没有授信额度,款项必须随用随付,只能用于短期赊销。随着信用卡的普及和使用范围不断扩大,现代信用卡逐渐发展成为集消费、支付、信贷、理财等功能于一体的重要金融工具。

2. 信用卡的功能

信用卡作为一种基于信用体系的金融工具,用于消费和转账。它由银行或信用机构发行,基于个人信用历史和信用评分,为持卡人提供一定的信用额度。持卡人可以在信用额度内随时使用信用卡进行消费和取现,并在账单规定的还款期内归还欠款。信用卡具有方便、快捷等优点,同时还可以提供一些额外的优惠和福利。

在使用信用卡时,需要注意还款方式和还款时间。最低还款额、逾期还款、循环利息等因素都会影响持卡人的信用评级和信用额度。同时,使用信用卡进行消费时,需要注意商家的信誉度和交易安全,以避免遭受欺诈和损失。

3. 常见的信用卡类型

国际上有六大信用卡组织,分别是维萨(VISA)、万事达卡(MasterCard)、美国运通(American Express)、银联(UnionPay)、日本信用卡公司(JCB)和大来卡(Diners Club)(见图5-1)。除银联和JCB起源于中国和日本外,其余四大信用卡均起源于美国。

图 5-1　常见的信用卡类型

二、信用卡欺诈手段

常见的信用卡欺诈手段包括假卡、盗刷、伪造、账户盗用等。这些欺诈手段的特点包括:使用伪造的信用卡或盗用他人的信用卡信息进行交易,以获取非法收益;利用技术手段突破银行的安全防护系统,入侵持卡人的账户进行盗刷等。

三、反欺诈技术

常见的反欺诈技术包括:①身份验证;②交易监控;③风险评估等。

这些技术的目的是通过分析持卡人的行为、交易记录等数据,识别出异常交易和欺诈行为,从而保护持卡人和银行的利益。

这些技术的适用场景如下:身份验证技术可以验证持卡人的身份信息,避免伪造和盗用身份进行欺诈;交易监控技术可以实时监测和分析交易记录,发现异常交易和欺诈行为;风险评估技术可以对持卡人进行信用评估,识别高风险交易和欺诈行为。这些技术可以单独或结合使用,以提高反欺诈的准确性和效率。

四、反欺诈技术的发展

反欺诈技术的发展经历了以下阶段:

第一阶段:黑白名单。这是最原始的反欺诈方式,比较简单,可以理解成一个筛选器,其覆盖率和准确率有限,无法识别有欺诈动机的新人。

第二阶段:规则系统。规则系统是根据经验人工制定的,只要符合这种规则,就会被定义成坏人。虽然规则引擎的覆盖率相比于黑白名单有所提高,但其仍然无法应对欺诈行为的变化。

第三阶段:有监督学习。有监督学习可以识别未被人工发现的欺诈行为,但其需要大量的人工标注标签来训练模型,给出一个欺诈可能性评分。它能识别同类型的欺诈,属于后验模式,通常不能解释此行为为何为欺诈。

第四阶段:无监督学习。无监督学习无需标签,但可以产生标签,反馈给有监督机器学习;也可以产生规则,反馈给规则引擎。常用方法有异常值检测和聚类,其中聚类方式可以捕捉欺诈模式变化的风险。

就目前而言,黑白名单和规则系统仍然是我国银行业使用最为广泛的方式,这两种方式比较简单。

五、数据化风控技术

数据化风控技术是一种利用大数据、机器学习等信息技术来进行风险控制和管理的方法。其原理是通过收集和分析大量的交易数据、持卡人行为等数据,建立数据模型和算法,对交易进行风险评估和预测,从而识别出异常交易和欺诈行为。但这种技术需要大量的数据和计算资源,也存在一定的数据隐私和安全等问题。

利用大数据、机器学习等信息技术来进行风险控制和管理的步骤如下:首先需要建立大规模的数据中心,收集和分析交易数据、持卡人行为等数据;其次,利用机器学习等算法建立数据模型和算法,对交易进行风险评估和预测;最后,根据预测结果采取相应的措施,例如拦截可疑交易、发送警报等。

六、逻辑回归

逻辑回归是一种用于分类和预测的统计方法,可以被用于估计某种事物发生的可能性,在银行反欺诈中经常使用逻辑回归来构建反欺诈模型。银行通过建立数学模型,将影响欺诈行为的各种因素进行量化分析,预测交易是否为欺诈行为。

使用逻辑回归构建反欺诈模型的步骤如下:首先,需要收集大量的交易数据和持卡人信息,并对数据进行预处理和特征工程;其次,利用逻辑回归算法建立模型,对交易进行风险评估和预测;最后,根据预测结果采取相应的措施,例如拦截。

七、其他反欺诈技术

其他反欺诈技术包括规则引擎、人工智能技术、大数据分析技术等。规则引擎是一种基于规则的反欺诈技术,可以根据预先定义的规则来检测欺诈行为。人工智能技术可以利用机器学习和深度学习等算法来建立反欺诈模型。大数据分析技术可以对海量数据进行挖掘和分析,发现潜在的欺诈模式和趋势。这些技术可以与逻辑回归结合使用,以提高反欺诈模型的准确性和稳定性。

【任务实施】

【任务场景 5-1】构建信用卡反欺诈模型

随着大数据、物联网的发展,在不知不觉中我们的信息就会被采集,信用卡安全面临着极大的挑战。银行风控人员只有不断提高欺诈行为识别能力,根据欺诈行为变化而变化,才能与实施诈骗的人斗智斗勇,减少持卡人和银行的利益损失。

本实验我们来学习一下基于有监督学习的信用卡反欺诈模型是如何构建的。有监督学习可以识别未被人工发现的欺诈行为,但其需要大量的人工标注标签来训练模型,给出一个欺诈可能性评分。实验流程如图 5-2 所示。

图 5-2　构建信用卡反欺诈模型的流程

步骤一:数据读取。

本次实验用到的数据集是两天内使用信用卡进行交易的数据,其中 284807 笔交易中有 492 笔被盗刷,被盗刷占所有交易的 0.173%。

基于有监督学习的反欺诈模型,数据集中需要有正常交易的数据和被盗刷的数据,所以是否会发生被盗刷是一个二元分类问题,可以通过二分类相关的算法来找到具体的解决办法。本次选用的算法是逻辑回归(logistic regression),通过运用 Python 构建信用卡反欺诈模型,从被盗刷的交易记录中挖掘出能够发现欺诈风险的特征。获取实验数据如图5-3 所示。

图 5-3　获取实验数据

在运用 python 程序构建模型时,我们需要先导入相关的模块和工具包,里面包含被定义好的函数和变量等内容,在构建模型时可以从中调用;然后需要将文件读取到程序中,检查数据中有没有缺失值,缺失值会造成后续数据分析错误;若有的话,需要对缺失值进行填充或删除。信用卡反欺诈模型构建用到的模块有 Pandas、NumPy、Matplotlib、Sklearn、Seaborn、Warnings、Itertools、Pylab。将 "creditcard.csv" 文件读取到 Pandas 中,具体代码如图 5-4 所示。

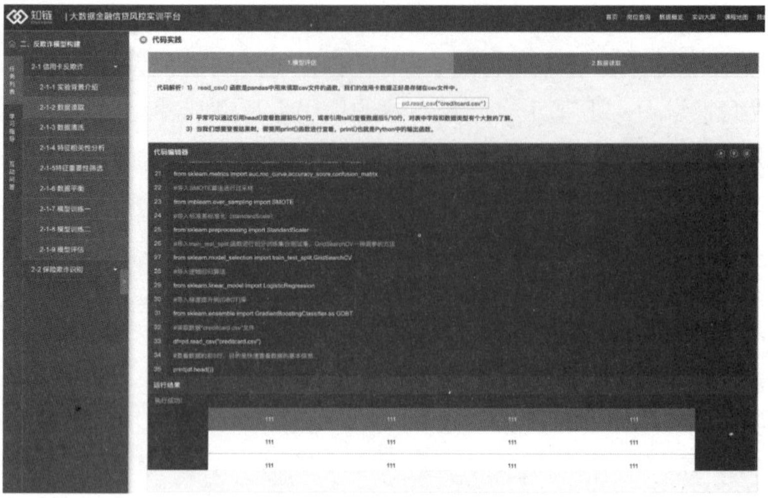

图 5-4　读取文件

步骤二:数据清洗。

通过查看文件的摘要,可以看出文件中没有缺失值。运行结果如图 5-5 所示。

图 5-5　查看缺失值

检查文件中的重复值并对重复值进行处理。具体代码及运行结果如图 5-6 和图 5-7所示。

图 5-6　查看重复值

图 5-7　删除重复值

步骤三：特征工程。

我们怎么判断客户特征与客户欺诈行为有没有关系呢？大家可以想一想，如果欺诈交易和正常交易的客户男女比例相近，说明从性别是看不出此交易是欺诈还是正常的。所以，我们可以通过分析特征正负样本比例、正负样本的分布趋势或者正负样本的分布频数来判断特征与目标变量的关系。

特征正负样本比例可以通过饼状图来分析，正负样本分布频数可以通过直方图来分析。直方图是以矩形的面积表示连续型随机变量次数分布的图形，一般用纵轴表示数据的频数，横轴表示数据的等距分组点，即各分组区间的上下限，有时用组中值表示。交叉面积越大，欺诈与正常的区分度越小；交叉面积越小，欺诈与正常的区分度越大。

不同特征的直方图分布制作方法是一样的，此时我们可以用 for 循环语句重复执行制作直方图的程序，一次制作出所有特征的直方图，提高模型的效率，减少代码冗余。当循环的内容比较多时，可以引用 enumerate( ) 函数将我们循环的数据对象组合成一个索引序列，对 enumerate( ) 进行循环使用。

找到与目标变量（是否是欺诈）相关的特征后，这些特征对目标变量的影响是多大呢？我们还需要对特征的影响力进行分析，从中找到对目标变量影响大的特征，删除掉影响不大的特征，这样有助于提高预测模型的构建速度，增强模型的泛化能力，减少过拟合问题，并提升对特征和特征值的理解。

本实验采用基于梯度提升树（gradient boosting decision tree, GBDT），它先产生一个弱学习器（CART 回归树模型），训练后得到输入样本的残差，然后再产生一个弱学习器，基于上一轮残差进行训练。不断迭代，最后加权结合所有弱学习器得到强学习器。

通过对特征的重要性进行排序，进一步筛选出有建模价值的特征。当特征重要性为 0 时，需要将其删除，以提高建模的效率，减少代码的冗余。具体代码和运行结果如图 5-8 至图 5-13 所示。

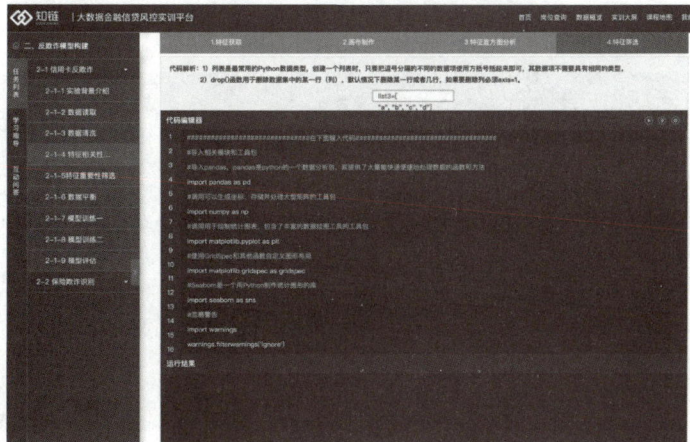

图 5-8　导入相关模块和工具包

```
42   #获取特征名，取第1至28列的数据
43   feature=df.iloc[:,1:29].columns
44   #输出特征名
45   print(feature)
```

运行结果

执行成功！

Index(['地区','性别','年龄','过去6个月最大交易金额','过去6个月的平均透支金额','过去3个月交易次数','过去6个月交易次数','信用评级','教育程度','职业','过去3个月的平均透支金额','交易类型','逾期金额','婚姻状况','逾期次数','单位性质','年收入','信用卡额度','是否异地交易','证件号','手机号','信用卡号','开户行','负债比','过去1个月的平均透支金额','过去1个月最大交易金额','过去3个月最大交易金额','过去1个月交易次数'],dtype='object')

图 5-9   获取特征名

```
46   #定义画布的大小，宽是16英寸，长是28*4英寸
47   plt.figure(figsize=(16,4*28))
48   #按照画布的长度等分成28份，也就是将画布划分成28x1的网格
49   gs=gridspec.GridSpec(28,1)
50   #用for循环语句，将特征进行循环
51   for i,cn in enumerate(feature):
52   #对前面划分的28个网格进行循环
53   ax=plt.subplot(gs[i])
54   #将存在欺诈的数据各特征的分布图，柱子个数设置为50个，颜色为红色
55   sns.distplot(df[cn][df["是否欺诈行为"]==1],bins=50,color='red')
56   #将交易正常的数据各特征的分布图，柱子个数设置为50个，颜色为绿色
57   sns.distplot(df[cn][df["是否欺诈行为"]==0],bins=50,color='green')
58   #建立直方图坐标
59   ax.set_label("")
60   #直方图的名字为"直方图分布+特征名称"
61   ax.set_title("直方图分布"+str(cn))
62   #输出直方图
63   plt.show()
```

运行结果

执行成功！

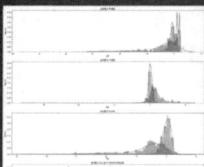

图 5-10   绘制直方图

```
64   #将相关性弱的特征所在列的列表命名为droplist
65   droplist=["信用评级","逾期金额","逾期次数","证件号","手机号","信用卡号","开户行", "负债比","过去1个月的平均透支金额","过去1个月最大交易金额","过
66   #将删除后相关性弱的变量的数据集命名为"df_new"
67   df_new=df.drop(droplist,axis=1)
68   #输出df_new
69   print(df_new.columns)
```

运行结果

执行成功！

Index(['交易时间','地区','性别','年龄','过去6个月最大交易金额','过去6个月的平均透支金额','过去3个月交易次数','过去6个月交易次数','教育程度','职业','过去3个月的平均透支金额','交易类型','婚姻状况','单位性质','年收入','信用卡额度','是否异地交易','交易金额','是否是欺诈行为'],dtype='object')

图 5-11   删除相关性弱的变量

```
70    #对交易金额和交易时间列数据进行标准化处理
71    col=["交易金额","交易时间"]
72    df_new[col]=StandardScaler().fit_transform(df_new[col])
73    #构造X和Y变量
74    x=df_new.iloc[:,:-1]
75    y=df_new['是否是欺诈行为']
76    #利用GBDT进行训练
77    clf = GBDT()
78    clf.fit(x,y)
79    importance=clf.feature_importances_
80    #按照特征重要性从强到弱进行可视化
81    indices=np.argsort(importance)[::-1]
82    #定义画布大小，长12英寸，宽6英寸
83    plt.figure(figsize=(12,6))
84    #定义画布标题"基于GBDT的特征重要性分析"
85    plt.title("基于GBDT的特征重要性分析")
86    #bar命令用于绘制柱状图
87    plt.bar(range(len(importance)),importance[indices],color="blue",align="center")
88    #设置柱状图的横坐标
89    plt.xticks(range(len(importance)),df_new.columns[:-1][indices],rotation='vertical',fontsize=14)
90    plt.xlim([-1, len(indices)])
91    plt.show()
```

运行结果

执行成功!

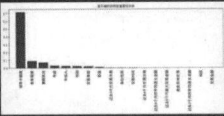

图 5-12   利用 GBDT 进行训练

```
92    #将重要性为0的特征所在列的列表命名为droplist1
93    droplist1=["过去6个月交易次数","过去6个月的平均透支金额","过去6个月最大交易金额","是否异地交易","过去3个月的平均透支金额","地区","交易金额"
94    #删除droplist1，并将其删除后的数据集命名为"df_new1"
95    df_new1=df_new.drop(droplist1,axis=1)
96    #输出df_new1
97    print(df_new1.columns)
```

运行结果

执行成功!

序号	交易时间	性别	年龄	过去3个月交易次数	信用评级
1	0	-0.072781173	2.536346738	0.462387778	0.098697901
2	0	0.266150712	0.166480113	-0.082360809	0.085101655

图 5-13   特征工程运行结果

步骤四:模型训练。

当我们找到与欺诈行为相关性很强的特征后,就开始建模了。构建模型的过程中,

通常把所有整理好的数据分为三个数据集,其中训练集用于建立模型;验证集用于调整模型参数,评估模型的能力;测试集用于评估最终模型的泛化通用能力。通俗地讲,训练集等同于学习的课本,验证集等同于作业,测试集等同于考试。一般三者的划分比例是6∶2∶2,但是验证集并不是必需的。本实验将数据集按训练集∶测试集=7∶3进行划分。

建模中还需要查看数据集中正负样本比例是否平衡,数据不平衡的话,会训练出准确率高但无实际意义的模型,这也是数据预处理中的一个环节。一般处理样本不平衡有上采样和下采样两种方法:

(1)上采样:对样本中数量较少的那一类进行生成算法补齐,使之达到与较多的那一类样本相匹配的数量,如SMOTE算法。

(2)下采样:从数量比较多的那类样本中,随机选出与数量比较少的那类样本数量相同的样本,最终组成正负样本数量相同的样本集。

本实验我们采用上采样,对训练集数据运用SMOTE算法处理样本不平衡的问题。对于测试集我们还是使用真实数据,不需要对测试集进行不平衡处理。SMOTE是一种综合采样人工合成数据算法,用于解决数据类别不平衡问题,以Over-sampling少数类和Under-sampling多数类结合的方式来合成数据。

模型训练就是用已有的数据,通过一些方法(最优化或者其他方法)确定函数的参数,参数确定后的函数就是训练的结果,根据结果对需要预测的数据进行预测操作。

本实验用到的Logistic regression(逻辑回归)是当前业界比较常用的机器学习方法,用于估计某种事物发生的可能性,可以用来回归,也可以用来分类,主要是二分类,是一种被logistic方程归一化后的线性回归。从训练的结果可以知道这个样本属于正类的可能性是多少,是一种比较"温柔"的算法。

我们可以通过计算查全率来看训练集、测试集训练的情况。查全率(召回率)是针对原来的样本而言的,它表示样本中有多少正类被预测正确了,有两种可能:一是把原来的正类预测成正类(TP),二是把原来的正类预测为负类(FN)。可以通过混淆矩阵进行可视化的展示。具体代码和运行结果如图5-14至图5-19所示。

图5-14 调用工具包

```
98    smote = SMOTE()
99    #构造新的X和Y变量
100   x1=df_new1.iloc[:,:-1]
101   y1=df_new1['是否是欺诈行为']
102   #划分成训练集和测试集
103   X_train,X_test,Y_train,Y_test=train_test_split(x1,y1,test_size=0.3)
```

运行结果

执行成功！

X_train	X_test	Y_train	Y_test

过去3个月交易次数	性别	过去6个月的平均透支金额	单位性质	信用卡额度	是
0.462387778	-0.072781173	-0.33832077	-0.470400525	0.02579058	0.

图 5-15　划分数据集

```
104   x1_resample,y1_resample = smote.fit_resample(x1,y1)
105   plt.figure(figsize=(10,6))
106   #Series是带标签的一维数组，可存储整数、浮点数、字符串、Python 对象等类型的数据
107   pd.Series(y1_resample).value_counts().plot(kind='pie',fontsize=23,autopct='%1.2f%%')
108   #设置图的标题
109   plt.title("SMOTE过采样之后的频率分布饼图")
110   #设置图的纵坐标
111   plt.ylabel("是否是欺诈行为")
112   #输出图表
113   plt.show()
```

运行结果

图 5-16　可视化

```
114   #SMOTE过采样
115   n_samples_new=len(y1_resample)
116   pos_samples_new=y1_resample[y1_resample==1].shape[0]
117   print("过采样之后被盗刷所占的比例{:.2%}".format(pos_samples_new/n_samples_new))
```

运行结果

执行成功！
过采样之后被盗刷所占的比例50.00%

图 5-17　数据不平衡处理

```
118   #运用逻辑回归建立模型
119   lg=LogisticRegression()
120   #运用训练集数据进行模型训练
121   lg.fit(x1_resample,y1_resample)
122   #查看模型准确度
123   zqd = lg.score(x1_resample,y1_resample)
124   print(zqd)
```

运行结果

执行成功！
0.9314651003288605

图 5-18　建立模型

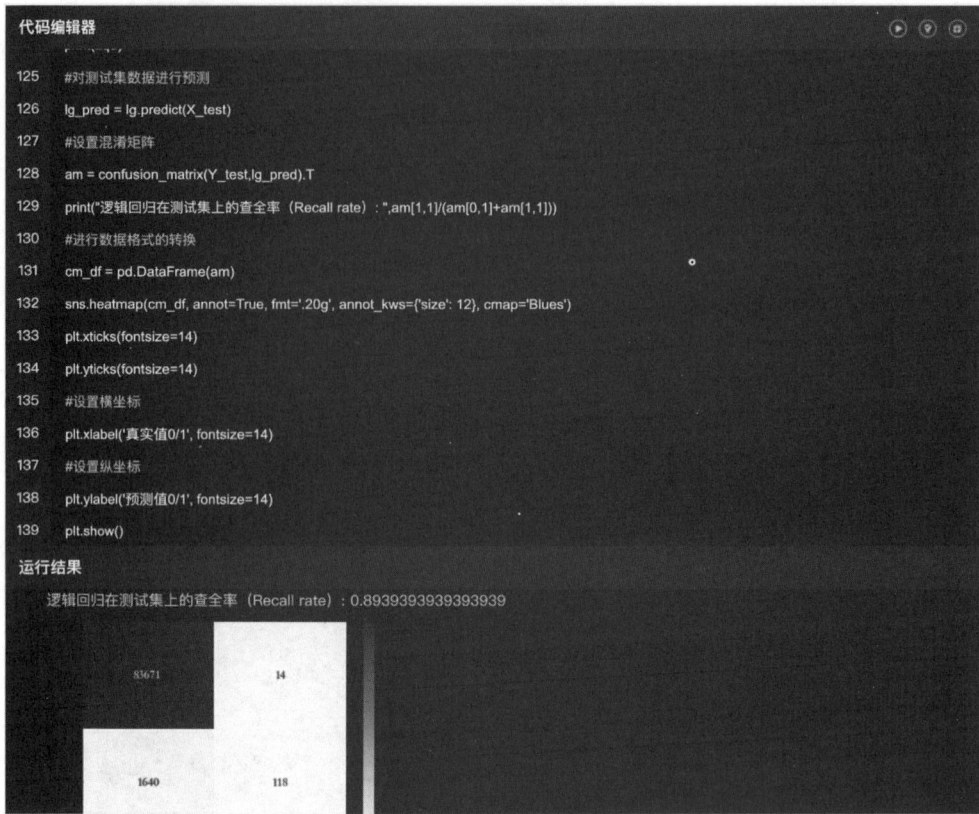

图 5-19　计算查全率

步骤五:模型评估。

模型验证是确定模型的正确性、有效性和可信性的研究与测试过程,一般包括两个方面:一是验证所建模型即是建模者构想中的模型;二是验证所建模型能够反映真实系统的行为特征。

十折交叉验证(10-fold cross-validation),用来测试算法准确性,将数据集分成十份,轮流将其中 9 份作为训练数据,1 份作为测试数据,进行试验,是常用的测试方法。每次试验都会得出相应的正确率(或差错率)。10 次试验的正确率(或差错率)的平均值作为对算法精度的估计。一般还需要进行多次十折交叉验证(例如 10 次十折交叉验证),再求其均值,作为对算法准确性的估计。

以下介绍常见的模型评估指标:

(1)精准率:针对预测结果而言,表示预测结果为正的样本中有多少是真正的正样本。预测结果为正有两种可能,一是把正类预测为正类(TP),二是把负类预测为正类(FP)。

(2)召回率:针对原来的样本而言,表示样本中有多少正类被预测正确了。也有两种可能,一是把原来的正类预测成正类(TP),二是把原来的正类预测为负类(FN)。

(3)ROC 曲线:在逻辑回归中会设一个阈值,大于这个值为正类,小于这个值为负类,若减小阈值,则更多的样本会被识别为正类,那么更多的负类被错误地识别为正类。这个阈值变动产生的正负类数据的变化就是 ROC 曲线。

因篇幅所限,模型评估部分的具体代码不做进一步的讲解,有兴趣的读者可参考相关的学习资源做进一步的研究。

【素质拓展】

信用卡使用过程中的六大诈骗陷阱

不法分子通过不法手段骗取持卡人的银行卡卡号、有效期、CVV2（信用卡卡片背面后三位数字）、手机动态验证码等核心信息后制作伪卡，再通过网络支付盗刷银行卡资金等诈骗案件高发。为了将盗刷风险降至最低，持卡人需加强自身的风险防范意识，留意银行提供的安全信息及警示案例，避免陷入盗刷陷阱。

1. 虚假官方号码发送钓鱼网站

"尊敬的用户：您的移动积分已达到181300分，可兑换181.3元现金！请点击下列移动商城链接根据提示激活领取。"刘小姐近日连续收到三条"10086"发来的短信，信以为真的她便点击链接，并根据相关提示键入了领取兑换现金所需的各项信息，包括姓名、身份证、开户行卡号及取款密码等。然而，此后很长时间刘小姐都没收到现金到账的通知，反而收到了自己银行卡内数百元余额被刷走的信息，报案后这才意识到自己受了伪基站的骗。

一般情况下，消费者对于以10086、10000、95×××等开头的移动运营商或银行官方客服短信是比较信任的，收到这样的短信通知，大多数人都会降低甚至完全失去警惕。一般来说，诈骗分子会使用改号器将电话号码改为银行或移动通信官方客服热线，打着"积分兑换礼品""某某商场大额消费"的幌子，利用伪基站技术向用户推送附有假冒的官方网站链接的短信，而用户一旦点击短信中的钓鱼网址链接，就极有可能在网站的诱导下泄露用户名、卡号、密码等关键信息，导致信用卡被盗刷。

2. 免费赠礼骗取附加收费

除了诈骗短信，近期还有持卡人投诉，说他们收到了看似各大银行官方号码的客服来电。在电话中，持卡人通常会被所谓"银行客服"告知已抽中成为幸运用户，可以获得银行信用卡中心送出的"新春礼包""随身Wi-Fi"等免费礼品。虽说设备免费，但需支付物流费和检测费数百元，但这部分费用会由电话充值卡后续返还，但持卡人付款收到的货物往往极为粗劣，后续话费也没有下文。在接到此类电话时，持卡人应保持头脑清醒，并及时致电官方电话核实。同时，银行的优惠活动、增值服务等信息，用户都可以通过银行官网查询。

3. 虚假提额骗取安全信息

对于部分授信额度不高但刷卡需求较高的持卡人来说，信用卡提额无疑是雪中送炭的好事。近期，杜先生就经历了因接受"提额"而导致的盗刷。原来，杜先生刚当上爸爸，由于支出增加而收入又不高，因此信用卡的额度总不够用。前不久有"银行客服"致电杜先生，告知由于杜先生信用良好，银行可为其免费提额，要求杜先生提供信用卡号、身份证号等个人身份信息及卡片的CVV2码进行核对。但没等杜先生高兴多久，就发现自己的信用卡在30分钟内被刷爆了。

在任何情况下,银行或信用卡机构的服务人员都不会通过电话或短信等方式向客户索要密码或卡号。一旦对方提出类似的要求,即可判定是诈骗信息。

4."免费不明Wi-Fi"可能遭遇盗刷

为了吸引人气,各大商圈及餐饮场所纷纷推出了免费Wi-Fi服务,大多数智能手机族也养成了一进商场或饭店就搜索免费Wi-Fi信号的习惯。但不久前,王小姐习惯性地一搜,竟使她银行卡中的5000多元不见了踪影。原来,当天与朋友一起逛街的王小姐看中了一款针织连衣裙,就习惯性地用手机直接连接身边免费Wi-Fi搜索该款连衣裙的网上价格,并按天猫折扣价直接下单支付。但让王小姐始料不及的是,就在自己付款后没多久,就收到了银行的另两条刷卡短信通知,提示王小姐又刷卡消费了共计5000多元。王小姐急忙拨打银行客服电话,才知道自己的银行卡已被盗刷了。

对于无密码的Wi-Fi,我们要特别当心。持卡人在通过公共网络登录网银时,要确保在安全环境下登录,不要贪图一时之快,随便连接不明来源的免费Wi-Fi。在使用公共Wi-Fi的过程中,尽量不要登录支付宝、网银等与钱相关的客户端。

5. 不明"二维码"暗藏盗刷病毒

黑白相间的小格子已经"入侵"到人们生活的各个角落,相信大家对现在随处可见的二维码并不陌生。但"有毒"的二维码有时也成为骗子的"新花招",信用卡手机银行可能因此无故"被消费"。年轻的李小姐最近就因为"扫一扫"遭遇了盗刷。作为一个时尚网购族,李小姐经常用手机网购,在看到某网站加盟店承诺购物即返50元购物券的优惠活动后,李小姐在店内挑选了一件199元的连衣裙。随后卖家告诉李小姐,只要扫一扫其通过QQ发送的二维码图片即可获得返券。但李小姐在扫描后,没有收到所谓的购物券,其手机页面仅显示出一个"淘"字。就在李小姐继续等待时,竟收到了莫名的消费短信提醒,遭遇了盗刷。

目前对二维码的监管还处于"一片空白"的状态,对制作二维码没有任何规定,对发布二维码也没有任何限制,整个行业处在一种自由化的状态中。不法分子在网上下载一款"二维码生成器",再将病毒程序的网址粘贴到二维码生成器上,就可以生成一个"有毒"的二维码。而二维码是否藏有病毒,从外观上是无法辨别的,用户一旦误扫"藏毒"二维码,很可能导致隐私泄露、账户被盗等情况的发生。

6. 网购退款骗取支付信息

网购已然成为人们日常生活中不可或缺的一部分,骗子在这一领域也推出了新型诈骗手段。诈骗分子通过利用消费者的真实购物信息,充当客服人员"退款",随后引诱消费者进入钓鱼网站,这也是近期热门的一大骗局。消费者杨女士就遭遇过这样的骗局。杨女士喜欢网购,有一天她在网站拍下一件大衣。就在此时,她接到"店主"打来的电话,声称该商品断货,需要她提供信用卡卡号、有效期、卡片背面的校验码等信息进行退款。杨女士信以为真,便提供了信用卡相关信息,直到收到银行发来的交易短信才知道落入了骗子的圈套,但此时已经来不及了,她的信用卡已经被盗刷。

沉浸在网购的方便与快捷中的同时,持卡人对陌生客服来电、克隆网站、陌生网址链接等应保持警惕,千万不要泄露自己的银行卡卡号、密码、身份证、校验码等核心数据。

(资料来源:https://fanwen.chazidian.com/lw/guanli/116225/,有改动)

思考:如何做好信用卡使用中的安全防护措施?

任务2　信用评分卡模型

【核心概念】

1. 信用评分卡模型:信用评分卡模型是一种预测模型,它根据借款人的信用历史和其他相关信息,预测其未来违约的可能性。

2. 特征工程:特征工程是指通过对原始数据的探索和分析,提取出能够反映借款人信用风险的特征变量,并利用这些特征变量构建信用评分卡模型的过程。

3. 模型训练和评估:模型训练是指使用已知的借款人信用数据对信用评分卡模型进行训练,使其能够根据借款人信息预测其信用风险。而模型评估则是对训练好的模型进行测试和评估,以确定其准确性和稳定性。

4. 证据权重(WOE值):证据权重是指在对信用评分卡模型进行训练和评估时,对于不同来源的证据给予不同的权重。

5. 信息价值(IV值):信息价值是指借款人的某项信息对于信用评分卡模型的贡献程度。

【学习目标】

1. 能够说出信用评分卡模型的基本原理和构建方法。

2. 能够描述信用评分卡模型的实施流程和方法。

3. 能够应用信用评分卡模型解决实际问题。

4. 能够计算出各指标的IV值,并根据IV值评估指标的预测能力。

【基本知识】

一、信用评分卡概述

信用评分卡指运用统计方法,基于过去的经验,对消费者或中小企业未来信用风险的综合评估。信用评分卡通常由金融机构或信用评估机构开发,用于在客户申请、贷款审批、风险评估等场景中提供决策支持。

最早的信用评分始于20世纪40年代末至50年代初,当时美国有些银行开始进行了一些有关信用评分方法的试验,目的是提供一种可以处理大量信贷申请的工具。后来,信用评分被广泛运用在各种贷款和信用卡的发放上,成为现代金融风险管理的基础。

二、信用评分卡的特点

1. 动态性

当制作信用调查报告的数据项改变时,信用评分值也会随之改变。例如:付款状况的改变或者新开设账户,都会使消费者的信用评分值发生改变。在金融服务领域,不同的贷款申请人,其信用评分是不同的,这取决于使用的信用评分的类型和相应的特征变量取向。

2. 客观性

信用评分是基于大量数据制定的,反映了消费者信用行为的普遍性规律,个人征信机构可将各家授信机构的数据综合起来进行信用评分,不偏向任何一家授信机构的特定消费或特定信贷产品。

3. 一致性

信用评分在实施过程中前后一致,不管哪个机构、哪个工作人员、哪个时间地点做出的决策,只要用的是同一个模型,其评估和决策的标准是一样的。特别是个人征信机构的信用评分,不因时间的不同而改变,不因特殊阶段的信贷行为和特殊的信用风险政策而发生大的变化。

4. 准确性

信用评分是依据大数据原理、运用统计技术等科学手段得出的,能够比较准确地预测消费者某一方面信用表现的概率。其准确性还与数据的质量、模型技术水平等因素有关。

5. 综合性

信用评分是基于多个信息维度的许多个预测变量得出的,比较全面地评估了消费者的未来信用表现。

6. 效率性

基于模型的信用评分可以在计算机系统内自动化实施,只要输入相关信息,就可在几秒钟内得到决策。

三、信用评分卡模型的开发流程

1. 确定信用评分卡模型的目标

明确信用评分卡开发的目的是什么,是评估客户的信用风险,还是预测客户的违约概率等。同时,确定信用评分卡的应用范围和使用场景,以便于选择合适的模型和算法。

2. 收集数据

收集与信用相关的数据,包括客户的基本信息、信用历史、财务状况、行为特征等。一般来说,需要选择具有代表性的样本,即包括申请者的各种特征,例如年龄、性别、收入、职业等,以及申请者的信用历史,例如是否有违约记录等。在这一阶段我们需要确保数据的准确性和完整性,并对数据的缺失值和重复值进行清洗和处理。

3. 确定变量和特征

从收集到的数据中筛选出与信用风险相关的变量,如果信用评分卡的目标是预测客户的违约风险,那么预测变量可能包括客户的年龄、性别、收入、职业、信用历史等。此外,还需要考虑预测变量的质量和稳定性,以确保模型的准确性和稳定性。

4. 构建模型

这一阶段需要使用适当的算法和统计方法,将选定的变量进行处理和建模,从而得到信用评分模型。一般来说我们可以计算出各特征的 IV(information value) 值,再根据 IV 值筛选出构建模型的变量,通过使用逻辑回归(logistic regression)的统计方法,我们就可以构建出一个信用评分卡模型。

5. 模型效果的评估和检验

在模型开发完成后,需要进行评估和检验,以确保模型的准确性和稳定性。我们可以使用 KS(Kolmogorov-Smirnov value) 值来评估模型的性能。一般来说,KS 值的范围可以用来衡量模型的准确性和稳定性。如果 KS 值较低,说明模型区分好客户和坏客户的能力较弱,预测准确性可能不够理想。如果 KS 值过高,可能存在过度拟合的问题,模型在新数据上的表现可能会下降。KS 值在 20% ~ 60% 之间被认为是较好的范围。

6. 模型的实施

在模型通过评估和检验后,就可以将其应用到实际的业务中。例如,可以在客户申请信用卡的处理系统中使用该模型对新的客户进行信用评分,并提供给审批部门作为参考。

7. 模型表现的跟踪和监控

在模型实施后,需要对其表现进行跟踪和监控,以确保模型的准确性和稳定性。一般来说,需要定期收集数据并重新评估模型的性能,如果发现模型的表现不佳,需要考虑重新调整或重新开发模型。

四、证据权重

证据权重即 WOE(weight of evidence),它常被用于风险评估、授信评分卡等,是字符型变量的某个值或者是连续变量的某个分段下的好坏客户的比例的对数,实际应用中将原始变量对应的数据替换为应用 WOE 公式后的数据,也称作 WOE 编码或者 WOE 化。

WOE 越大,表示该组中好坏客户的差异越大,或者说该组的风险越大。相反,WOE 越小,表示该组中好坏客户的差异越小,或者说该组的风险越小。因此,在对风险变量进行分箱(即分组)时,WOE 可以帮助我们更好地理解和评估不同组的风险程度。

五、信息价值

信息价值即 IV(information value),它用于评估变量的预测能力。在用逻辑回归、决策树等模型方法构建分类模型时,经常需要对自变量进行筛选,IV 就是这样一种指标,它可以用来衡量自变量的预测能力。IV 值可由 WOE 计算得到,整个特征的 IV 值则为每段 IV 值之和。一般情况下,当特征的 IV 值越大,该特征的信息价值就越大,对于判断客户好坏的贡献越大,这样的特征越适合加入模型当中。

【任务实施】

【任务场景 5-2】构建信用评分卡模型

某银行为了有效对借款人进行贷中风险监测,预测借款人未来发生逾期的概率,构建房贷行为评分卡模型。小明是该行的一名风控建模师,负责本次评分卡模型的构建。

信用评分卡模型构建的流程主要分为三个步骤:

(1)确定业务目标:确定评分卡作用的业务阶段,确定信用评分卡所要解决的业务问题。

(2)数据准备:确定评分卡建模所需数据,从数据库中抽取建模数据,并对缺失值、重复值进行清洗。

(3)模型开发:包括样本集划分、特征分析、特征分箱、模型构建、模型评估。

本次实验以行为评分卡为例,了解行为评分卡构建方法及流程。

步骤一:确定业务目标。

对已通过房贷贷前审批,并收到贷款的客户,他们是否按时还款,未来是否发生逾期或违约就显得尤为重要。本次实验需要先阅读贷中风险监测说明,然后构建房贷行为评分卡,监测放贷后借款人的还款情况及还款能力的变化,判断借款人是否具有还款意愿,预测借款人未来是否发生逾期或违约的情况。

贷中风险监测说明:

(1)贷中风险监测的目的主要有以下两点:

①预测逾期风险。

通过借款人放贷后的表现,监测借款人还款能力的变化,判断借款人是否还具有还款意愿,未来是否存在逾期风险。

②服务客户。

使银行与客户互相了解,增强客户还款意愿,增加长期合作机会,使工作高效便捷。

(2)贷中风险监测数据。

①房贷还款数据:监测借款人是否发生逾期,判断借款人的还款能力与还款意愿。

②信用卡消费数据:监测借款人的消费支出情况,判断借款人未来的还款能力。

③通信服务商数据:监测借款人的通话记录,获取借款人的贷款申请信息。

步骤二:数据准备。

数据决策引擎平台中有近 3 年的房贷还款数据、信用卡消费数据、通信服务商数据,分别存储于房贷数据管理表(loan_manage)、信用卡数据管理表(Card_manage)、通信数据管理表(Operator_manage)中。

本次实验从以上三个数据表中采集近 2 年的数据于贷中数据表(Behaviour)中,建立行为评分卡模型,将模型应用到银行当前客户的贷中行为监测,从而预测当前客户的未来违约风险概率(见图 5-20)。

图 5-20　贷中数据采集

贷中数据表(Behaviour)中贷款类型(Loan_type)、房屋面积(House_area)两个字段的缺失数据≥60%;贷中数据表(Behaviour)中业务编码为 5032、5033、5037 的样本中,缺失数据≥60%;贷中数据表(Behaviour)中业务编码为 5010 与 5011 的样本数据重复,5023与 5024 数据重复,需要输入命令语句将其删除(见图 5-21)。

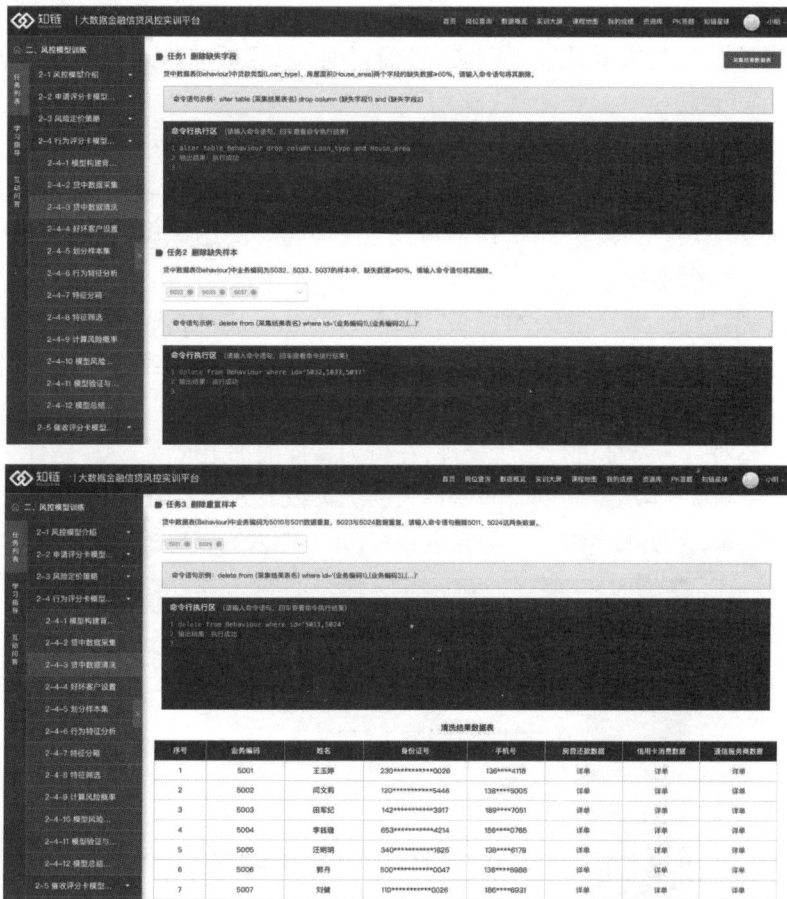

图 5-21　贷中数据清洗

步骤三：违约定义。

评分卡模型的任务在于区隔好坏客户，因此，必须定义违约的条件，也就是坏客户的条件，这些条件并不限定于逾期，而是银行认为满足违约条件的客户并不是本行的目标客户，或者需要重点关注的客户。不同银行定义的违约条件是不一样的，一般可以通过逾期天数以及逾期次数来判定，一般可以将一年内出现M2（逾期2个月）以上逾期、催收、呆账、强停等，作为评分卡模型中的违约条件（见图5-22）。

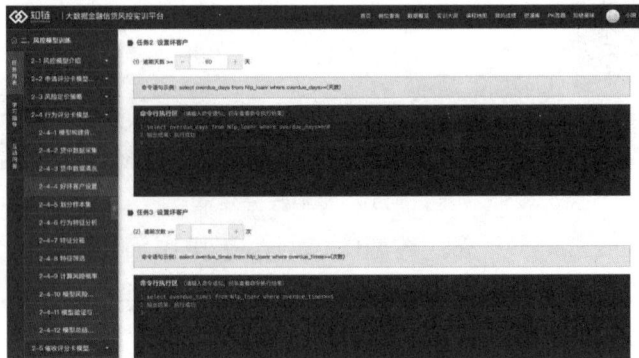

图5-22　设置坏客户

步骤四：特征工程。

金融机构贷中监测通常从以下四类基础行为特征分析借款人的还款行为、还款能力与还款意愿：

（1）还款率类型特征：与还款行为有关的变量。还款行为由客户的还款能力与还款意愿决定。还款能力强、还款意愿高的客户，发生违约的可能性较小。

（2）额度使用率类型特征：关于授信额度使用情况，使用额度较多，未来还款压力较大，相对容易发生违约。

（3）逾期类型特征：关于M0、M1、M2状态的特征。M0阶段：还款日之前还款。M1：逾期1个月还款。M2：逾期2个月还款。较高的逾期状态易导致较大的违约概率。

（4）消费类型特征：与借款人的消费行为有关的变量。

接下来需要对行为特征进行衍生处理，在行为特征前加上时间，观察是什么时间段的行为影响客户信用状况。本次实验的时间变量为训练集最近数据之前的t时间，即过去t时间。时间变量不能太长，保证大多数样本都能覆盖到；亦不能太短，会丢失信息（见图5-23）。

图5-23　行为特征分析

续图 5-23

本次特征衍生处理后,需要对特征进行分箱处理。特征分箱是把连续型数据分为几组,或者把离散数据中类别较多的,进行重新划分,划分为类别数较少的特征,也称为数据离散化处理。

特征分箱规则如下:

(1)自底向上数据离散。

(2)相邻区间具有类似的类分布,则这两个区间可以合并;否则,这两个区间应当分开。

(3)分箱个数不超过 5 个。

设置好特征区间后,通过计算各特征的 IV 值(见图 5-24),筛选出对贷中风险有预测能力的特征。IV 值是评价客户违约风险的预测能力的指标,可以通过 WOE 值计算得到。

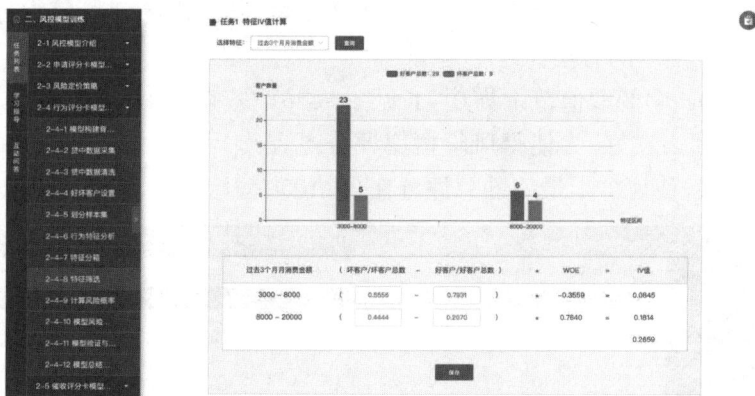

图 5-24　特征 IV 值计算

WOE 称为证据权重,表示"当前分组中坏客户占所有坏客户的比例"和"当前分组中好客户占所有好客户的比例"的差异。从 WOE 的公式中我们可以看出,该分组中坏样本率越大,则这种差异越大,WOE 就越大;坏样本率越小,则这种差异越小,WOE 越小。

$$\text{WOE}_i = \ln(\frac{\text{Bad}_i}{\text{Bad}_T} / \frac{\text{Good}_i}{\text{Good}_T})$$

IV 称为信息价值,是衡量特征区分度的一种指标,常用来评估指标对风险的预测能力,可用来快速筛选变量/特征,取值范围是[0,+∞)。从公式中可以看出,IV值和WOE相关,IV值越大,指标对风险的预测能力越强(见图5-25)。IV(指标)=IV(区间1)+IV(区间2)+…。

$$IV = \sum_{i=1}^{n}\left(\frac{Bad_i}{Bad_T} - \frac{Good_i}{Good_T}\right)\cdot WOE_i$$

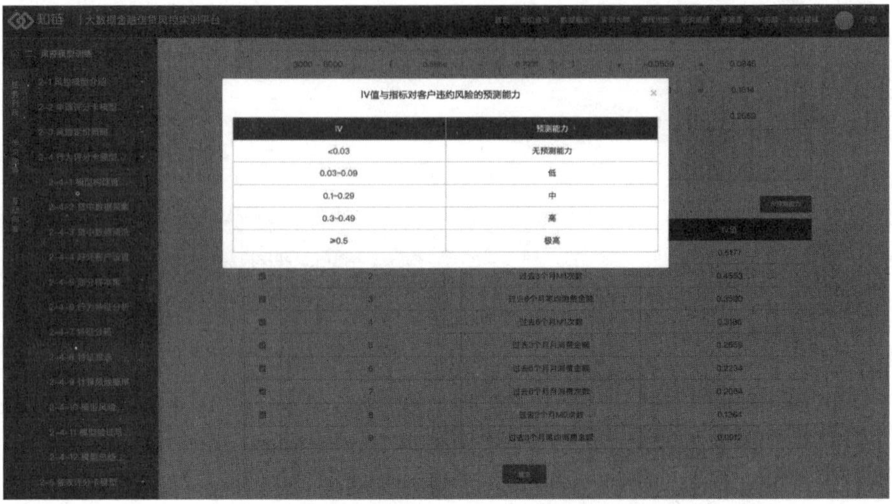

图5-25　特征筛选

　　根据特征的IV值,筛选出了入模的变量,下面需要通过运用逻辑回归,判断各特征的风险概率。逻辑回归是一种用于解决二分类(0 or 1)问题的机器学习方法,用于估计某种事物发生的可能性,其因变量为二选一的属性变量,其出现的变量值为好与坏,因此,是评分卡建模最常使用的方法。

　　风险概率log(odds)的取值范围为0~1(见图5-26)。若直接用log(odds)作为评分的话,评分值看起来不那么友好,为使得风险概率评分更宜读,可以对log(odds)风险概率做一个适当的线性转换,使评分卡最终的总评分在0~1000分比较合适(见图5-27、图5-28)。

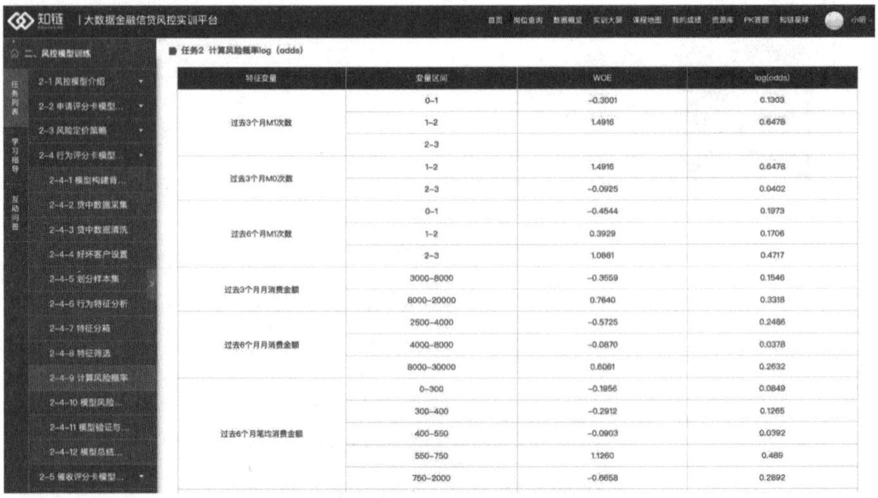

图5-26　计算风险概率 log（odds）

任务3　评分卡分值转化

风险系数值范围在0-1，对风险系数做线性转换，使评分值在0-1000分，得各变量区间分值

$$score=A + \ln(odds) * B$$
$$=A - \log(odds) * B$$

注：A、B均为常数，A为补偿参数；B为刻度参数；
负号便违约概率越低，分值越高

设三个参数，b：基准分值；o：基准分值对应的风险概率odds；PDO：风险概率增加一倍，增加的分数

$$\begin{array}{l} b=A - \log o * B \\ b+PDO = A - \log(2o)*B \end{array} \rightarrow \begin{array}{l} A=b - PDO * \dfrac{\log o}{\log 2} \\ B=PDO / \log 2 \end{array}$$

| b: | − | 50 | + | o: | − | 0.5 | + | PDO: | − | 10 | + | 保存 |

$$score=A - \log(odds) * B$$

$$= 60.00 - \log(odds) * 14.43$$

任务4　查看行为评分卡模型

特征变量	变量区间	log (odds)	score
过去3个月M1次数	0-1	0.1303	89
	1-2	0.6478	66
	2-3		
过去3个月M0次数	1-2	0.6478	66
	2-3	0.0402	106

图 5-27　评分卡分值转化

任务4　查看行为评分卡模型

特征变量	变量区间	log (odds)	score
过去3个月M1次数	0-1	0.1303	89
	1-2	0.6478	66
	2-3		
过去3个月M0次数	1-2	0.6478	66
	2-3	0.0402	106
过去6个月M1次数	0-1	0.1973	83
	1-2	0.1706	85
	2-3	0.4717	70
过去3个月月消费金额	3000-8000	0.1546	86
	8000-20000	0.3318	75
过去6个月月消费金额	2500-4000	0.2486	80
	4000-8000	0.0378	107
	8000-30000	0.2632	79
过去6个月笔均消费金额	0-300	0.0849	95
	300-400	0.1265	89
	400-550	0.0392	106
	550-750	0.489	70
	750-2000	0.2892	77

图 5-28　查看行为评分卡模型

b（基准分值）建议设置为50；

oods（基准分值对应的风险概率）建议设置为0.5；

PDO（风险概率增加一倍，增加的分数）建议设置为10。

模型评估时，运用KS值来评估模型的好坏。KS值用来衡量坏客户和好客户这两个样本上的评分变量的分布之差。KS值越高，模型的预测准确性越好，但是过高的KS值可能意味着过度拟合，导致模型不稳定。一般20%<KS<60%，即可认为模型有比较好的预测准确性（见图5-29）。

图 5-29　模型评估

【素质拓展】

信用评分卡介绍

信用评分的应用最早源自 20 世纪 30 年代,主要根据风险分析专家的经验设置相同的判断条件,使授信质量一致。在此阶段,判断条件,基本上还是经验给分,在选择风险因子以及设定指标权重时即使反复摸索修改,也无法确定因子间的关系。到了 20 世纪 50 年代,信用评分开始运用回归分析等统计技术,使得人类经验与数学实证相结合。

经过几十年的信息技术和专业的探索和发展,现在可以存储大量历史数据并可以进行复杂运算,使得信用评分成为银行非常重要的风险评估工具。

信用评分卡按照用途划分,可以分为:

(1)申请评分卡(A 卡):全面考量借款人属性,预测未来产生逾期的可能性,常用于申请审批以及初始额度设定。

(2)行为评分卡(B 卡):考察借款人还款、消费等数据,预测客户的动态风险,用于贷中客户的动态风险监测,进行额度管理。

(3)催收评分卡(C 卡):利用不同的催收模型,对不同逾期情况的客户实施不同的催收方式,一般用于贷后管理。

信用评分卡按照适用客群划分,可以分为:

(1)通用评分卡:基于全行业数据,利用数据分析或经验判断开发的评分卡,如征信机构的信用评分。

(2)定制评分卡:具体机构根据自身数据及场景需求定制的评分卡,如支付宝平台芝麻信用分。

（3）子评分卡：机构产品多样且可能呈现不同的样本分布，通常在定制评分卡细分方向上建立子评分卡。

思考：假设你是一个金融机构的风险评估专员，你将如何根据不同类型的信用评分卡，灵活运用它们来管理客户的信用风险？

任务3　信贷风险管理

【核心概念】

1. 信用风险：信用风险又称违约风险，是指借款人、证券发行人或交易对方因种种原因，不愿或无力履行合同条件而构成违约，致使银行、投资者或交易对方遭受损失的可能性。

2. 贷前风险评估：在贷款发放前，对借款人的借款用途、经营状况、偿债能力等方面进行调查和评估，以决定是否可以放款以及放款的金额等。

3. 贷中风险监测：在贷款发放后，对贷款的使用情况进行定期检查，重点检查贷款使用情况、偿债能力变化情况和履行借款合同情况等。

4. 贷后风险管理：在贷款发放后，对借款人的生产经营状况、资信状况、偿债能力及贷款使用情况进行定期检查，及时发现和纠正贷款使用中的问题，防止不良贷款的进一步扩大。同时，对逾期贷款进行催收，采取有效措施防止贷款损失的进一步扩大；对不良贷款进行及时处置，减少金融机构的损失。

【学习目标】

1. 能够描述风险管理的完整流程。
2. 能够说出不同信贷阶段的管理措施。
3. 能够识别客户的信用风险。

【基本知识】

一、信用风险

信用风险是指借款人或交易对方在债务到期时无法或不愿意履行债务，导致债权人或交易对方遭受损失的可能性，这种风险可能会导致债权人产生损失，因此，信用风险管理是金融机构和企业的核心管理内容之一。信用风险通常通过违约概率、违约损失率等指标来衡量。借款人的信用历史、财务状况、经营状况、行业风险等多种因素都会影响信用风险的水平。管理和降低信用风险的方法包括多样化投资分散风险、对借款人进行严格的信用评估等。

二、贷前风险评估

贷前风险评估是在贷款发放前对借款人的信用状况、还款能力和还款意愿进行全面评估的过程。这种评估的目的是确保贷款的安全性和可靠性,以及制定合理的贷款利率和其他条件。

评估的主要内容包括借款人的信用记录、财务状况、经营状况等。评估的方法包括定性评估和定量评估,如信用评分、财务比率分析等。

贷前风险评估的流程包括收集信息、建立评估模型、实施评估、得出结论并制定相应的贷款策略等步骤。其中,收集信息是贷前风险评估的基础,需要全面了解借款人的情况;建立评估模型则是根据收集的信息建立合适的评估指标体系,以便实施评估;实施评估则是通过各种方法对借款人进行全面评估;得出结论则是根据评估结果得出借款人的信用等级或评分,并制定相应的贷款策略。

三、贷中风险监测

贷中风险监测是在贷款发放后,对借款人的信用状况、还款能力和还款意愿进行持续跟踪和监测的过程。这种监测的目的是及时发现和预警潜在风险,以便采取相应的风险管理措施。

监测的主要内容包括借款人的财务状况、经营状况、还款记录等。监测的方法包括定期审计、债务人监控、定期报告等,现代风险管理工具和技术如信贷风险模型、大数据分析等也可以被应用。

贷中风险监测的流程包括定期收集数据、实施监测分析、发现潜在风险、采取相应措施等步骤。其中,定期收集数据是贷中风险监测的基础,需要收集借款人的各种财务和非财务数据;实施监测分析则是根据数据的变化情况对借款人的信用状况进行实时跟踪和分析;发现潜在风险则是根据分析结果及时发现潜在的风险点;采取相应措施则是针对潜在风险点采取相应的风险管理措施,例如提前收回贷款或调整贷款利率等。

四、贷后风险管理

贷后风险管理是在贷款发放或信贷业务发生后通过一系列风险管理措施对信用风险进行控制和管理的过程。这种管理的目的是降低信用损失、优化信贷资源配置和提高信贷资产质量。

催收作为贷后风险管理的一环,在贷后风险管理中扮演着重要的角色。当贷款发生逾期但尚处于还款的宽限期内,金融机构会通过邮件、短信、电话等方式提醒客户履行还款义务。

若是逾期超过 30 天,金融机构会加强催收力度,采取更多措施来催促客户还款,例如联系贷款人的紧急联系人等。这些措施旨在引起客户的重视并促使其尽快解决问题。

如果催收仍然无效,金融机构可能会考虑委外催收。在这个阶段,它们选择与专业的催收公司合作,将贷款账户或债权转让给这些公司进行追偿。这些催收公司通常会采用更严格和高级的催收手段来迫使借款人还款。

最后,如果委外催收也未能解决问题,金融机构只能按照财务和公司制度进行不良资产处置。这可能包括将贷款打包出售给资产管理公司或采取其他资产处置措施,以最大限度地减少金融机构的损失。

【任务实施】

【任务场景 5-3】汽车消费贷款风险管理

本实验以汽车消费金融为场景,进行贷前、贷中、贷后的风险管控,识别客户信用风险。

上众汽车金融公司由众众汽车品牌厂商投资创建,主要是为汽车购买者和销售者提供金融服务。公司与全国 351 座城市中的近 5000 家汽车经销商建立了良好的零售信贷业务合作关系,成为一家覆盖范围广、业务品种丰富、服务水平一流的汽车金融公司。

以下是上众汽车金融公司的四款热门分期付款车型:

(1)小众　朗轩,指导价 22 万元,首付 20% 起,最长可贷 60 期;

(2)小众　博轩,指导价 30 万元,首付 20% 起,最长可贷 60 期;

(3)小众　逸轩,指导价 15 万元,首付 20% 起,最长可贷 60 期;

(4)小众　英轩(新能源),指导价 8 万元,首付 15% 起,最长可贷 60 期。

图 5-30 所示是客户分期购车流程,本次实验就是在客户选中意向车型,并提交了相关资料后,风控专员、信审员进行批量审批、放贷、监控与管理。

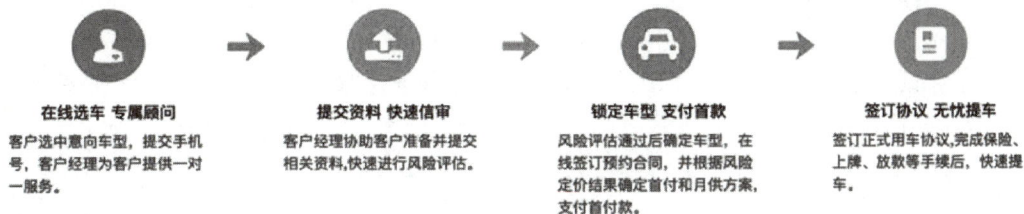

▶ 客户分期购车流程

在线选车 专属顾问
客户选中意向车型,提交手机号,客户经理为客户提供一对一服务。

提交资料 快速信审
客户经理协助客户准备并提交相关资料,快速进行风险评估。

锁定车型 支付首款
风险评估通过后确定车型,在线签订预约合同,并根据风险定价结果确定首付和月供方案,支付首付款。

签订协议 无忧提车
签订正式用车协议,完成保险、上牌、放款等手续后,快速提车。

图 5-30　分期购车流程

步骤一:贷前风险评估。

首先需要领取本人负责审批的车贷申请业务(见图 5-31)。

图 5-31　领取车贷申请业务

贷前准入条件是贷前风险评估的第一道防线，只有满足了贷款申请条件，才有资格申请贷款。这个环节需要根据国家贷款政策及公司的车贷申请条件，设置合理的贷前准入条件，用于申请业务的批量审批，提高审批效率，可以从年龄、户口所在地是否为本地、驾龄、首付比例等规则进行设置（见图 5-32）。

图 5-32　设置贷前准入条件

符合贷前准入条件的车贷申请业务，需要对其进行身份认证，身份认证主要包括两部分，一是信息"四要素"（姓名、身份证号、手机号、银行卡号）的一致性审查；二是人脸识别，校验本人身份。

车贷申请业务身份认证通过后，需要进行反欺诈审查，目前车贷用得最多的反欺诈审查的方法是通过黑白名单，搭配规则系统进行审查，如果使用反欺诈模型进行审查就更好了。

客户没有落入黑白名单，也没有落入金融企业制定的欺诈规则内，就通过了反欺诈审查这道防线。接下来是不是要运用申请评分卡模型评分了呢？先不着急，在这之前我们需要先查看申请贷款客户的人行信用报告。

人行信用报告包括了客户的基本信息、信用卡、贷款和其他借贷记录,以及近 5 年的欠税记录、民事判决记录、强制执行记录、行政处罚、法院执行情况等信息。这些信息对评估贷款申请客户的信用状态有很强的指导意义。通过设置规则系统,可以批量分析客户的人行信用报告,主要是分析客户的综合逾期情况、法院执行次数、是否是失信被执行人等信息。

人行信用报告审核完成后,接下来就可以运用申请评分卡模型对客户进行信用评分(见图 5-33)。最后就是根据客户的综合信息,对客户进行放贷或拒贷。

图 5-33　申请评分卡

步骤二:贷中风险监测。

贷中阶段需要对放款客户进行风险监测,车贷贷中监测包括对车和人的风险监测。

通过对车辆 GPS 数据的收集,制定预警指标,实时动态监测车辆的情况。预警指标主要有:车辆近 1 个月行驶时间(h)、近 1 个月停车地点数量、在敏感目标地址停留天数、近 1 个月加油次数、近 1 个月加油量(L),如图 5-34 所示。

图 5-34　GPS 数据监测

贷中对人的监测,主要是通过行为评分卡,预测客户发生违约的概率,生成客户的贷中风险监测报告,并运用短信、电话等方式对风险较高的客户进行按时还款提醒,对逾期还款客户转入贷后催收(见图 5-35 至图 5-37)。

图 5-35　设置行为评分卡

图 5-36　还款行为监测

图 5-37　业务处理

步骤三:贷后管理。

在逾期催收的流程中,不同的信贷机构对时间的界定不同,图 5-38 所示是常见的信贷公司催收流程,本实验需要制定模拟企业的催收规则,并设置不同催收阶段的催收方式。

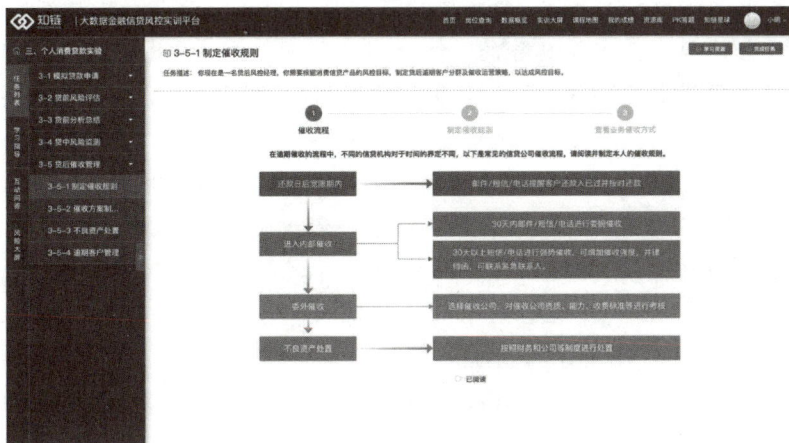

图 5-38　常见的信贷公司催收流程

【素质拓展】

哈银消费金融数字与服务深度融合荣获"2021 年度数字化风控优秀案例"

《中国银行保险报》主办的"转型提质数字共荣 2022 中国银行业数字化转型峰会"落幕,会议邀请银行机构和技术企业的代表与专家学者一起,共同围绕银行业数字化转型展开热烈探讨。峰会期间,哈尔滨哈银消费金融有限责任公司的"'星斗'智能风控体系"凭借在科技创新方面的亮眼表现,荣膺"2021 年度数字化风控优秀案例"。

随着《"十四五"数字经济发展规划》出台,金融领域数字化转型上升到国家战略的高度。银保监会 2022 年年初发布的《关于银行业保险业数字化转型的指导意见》,也明确了有关行业数字化转型的目标、路径及监管要求。在此背景下,数字化转型已成为行业发展新趋势。

会议中提出"身处在数字时代,只有通过数字化转型提质增速,才能与时代同频共振、共生共荣。反过来讲,如果不转型提质,就会被时代淘汰。"会议中围绕数字化转型面临的问题展开讨论,提及数据应用既是数据治理的结果,也是促进数据治理的驱动力,如何做好两者的协同在数字化转型过程中至关重要。哈银消费金融科技研发部负责人认为:数据治理工作是一项技术和业务融合的工作,解决这个问题的关键在于找到目标的共性,如何把两个目标变成一个共性目标,找到业务和技术价值的统一性是关键。实践中,一方面要以技术驱动业务的创新发展;另一方面,要通过业务的发展驱动、反哺技术的创新,哈银消费金融自主研发的"星斗"风控系统就是典型的案例。

据介绍,哈银消费金融的"星斗"风控系统是通过技术和业务共同研发超过十万个技术指标实现风控关键环节和客户的全生命周期的管理,将技术和业务的功能相互协同起来,最终实现相互成就。此外,"星斗"风控系统除了在数控方面使用之外,在智能营销、客户精准划线方面都做了很多基于数据治理大数据的应用,将数字化与消费金融服务深度融合,为消费金融领域的应用带来一些参考价值。

哈银消费金融表示,哈银消费金融从建立以来一直秉承科技驱动的金融发展理念,高度重视技术中心和数据运用,全面发展数字转型。哈银消费金融依托其自身在科技能力、风控水平、金融人才等方面具备的"金融 + 互联网"的双重优势,自主打造的"星斗"智能风控体系由文昌数据系统、天府决策系统、天钺反欺诈系统、天相信审系统、天马贷中管理系统、禄存贷后管理系统以及天梁监测预警平台等组成。"星斗"智能风控体系创新性地运用机器学习、大数据计算、图计算等先进技术,能够实时、精准洞察客户全链路风险,形成分布式一站风险解决方案,数字与服务深度融合,有效提升了风险甄别的准确性及风险评估的精细化,精确刻画客户风险画像并实施精准的客户分层,为风险管理及客户运营奠定了坚实基础,并且已经形成短信催收、AI 催收、电话催收和司法催收的组合催收管理策略,为资产质量保驾护航。

(资料来源:https://baijiahao.baidu.com/s?id=1744459366584804616&wfr=spider&for=pc,有改动)

思考:哈银消费金融有限公司是如何利用大数据开展金融风险控制的?

项目小结

项目五介绍了信用卡常见的欺诈手段,反欺诈技术的发展以及信用卡反欺诈模型的开发流程,预测指标 IV 值的计算方法,信用风险的含义以及贷前、贷中、贷后风险管理的概念、内容和流程。通过任务场景实训,我们构建了信用卡反欺诈模型和房贷行为评分卡模型,以汽车消费金融为场景,进行了贷前、贷中、贷后的风险管控实践。通过学习,我们对信用卡反欺诈、信用评分卡模型、信贷风险管理等方面有了更深入的了解。我们掌握了构建反欺诈模型、信用评分卡模型的方法,以及贷前、贷中、贷后风险管理的重要知识,为实际工作中的风险控制提供了强有力的支持。

思考题

1. 什么是信用卡反欺诈?请简要说明其重要性以及常见的欺诈手段。简要说明构建信用卡反欺诈模型基本流程。

2. 行为评分卡模型是用来做什么的?简要说明其特点和模型开发的基本流程。

3. 什么是 WOE 值和 IV 值?它们在信用评分卡模型中的作用是什么?

4. 以汽车消费贷款为例,简要说明在贷前、贷中、贷后阶段分别需要关注哪些风险因素。

项目六
数据化金融营销实训

任务1　流失预警模型

【核心概念】

1. 分类分析：通过分析历史数据找到事情发生的特征和规律，预测未来情况。

2. 欧氏距离：指多维空间中两点的真实距离。

3. 曼哈顿距离：指两个点在标准坐标系的绝对距离总和。

4. 监督学习：给定一堆样本，每个样本都有一组属性和一个类别，这些类别是事先确定的，那么通过学习得到一个分类器，这个分类器能够对新出现的对象给出正确的分类。这样的机器学习就被称为监督学习。

5. 无监督学习：学习是机器学习的一种范式，其不依赖于带有标签的训练数据，而是通过从数据中发现模式、结构或聚类来进行学习。

【学习目标】

1. 能够说出构建流失预警模型的流程。

2. 能够将类别型变量转化为数值形式。

3. 能够举例说明流失预警模型在金融领域的应用。

【基本知识】

一、流失预警模型

客户的流失风险贯穿客户全生命周期，客户会在刚下载手机银行时流失，也会在已经使用一两年后流失，所以流失预警模型在客户管理、数字化营销中非常重要。

流失预警模型需要针对不同生命周期的用户采取不同模型来进行预测，可以将用户分为获取期、提升期、成熟期、衰退期。分周期是为了在后续将用户生命阶段纳入精细化运营的预警召回策略中。流失预警即提取用户历史数据，观察一定窗口时间各相关数据情况，然后根据流失用户定义评估用户在表现窗口内流失的情况，从而预测当前用户在未来的流失概率。那么哪些用户数据可以影响到用户流失？可以粗略地划分为三个维度，即用户画像数据、用户行为数据、用户消费数据。此外，我们还需要定义预测的时间窗口，即我们应该分析多长时间段内的样本数据，这就需要结合业务人员经验以及历史的用户行为数据，再综合数据的可获取性，最终确立一个合理的时间预测窗口。

二、分类分析

　　分类分析是数据挖掘中非常重要的一种分析类型,分类(classification)是根据已分类数据的特征建立模型,对其他未经分类或是新的数据做预测的过程。比如,个人信贷业务风控中可以根据已有其他客户的信息建立评分卡模型,以判断新客户的风险等级;医疗部门可以根据已有其他病患的症状资料确定患者的病症种类;邮件系统可以根据邮件本身的特征来识别是否是垃圾邮件;考勤机可以通过已录入的员工人脸资料识别出当前正在打卡的员工是哪一位,等等。常见的分类算法有朴素贝叶斯、KNN、决策树、SVM等。

三、朴素贝叶斯算法

　　朴素贝叶斯(naive Bayes)是基于贝叶斯定理和特征条件独立假设的分类方法,它通过特征计算分类的概率,选取概率大的情况进行分类,因此它是基于概率论的一种机器学习分类方法,通过概率来衡量事件发生的可能性。例如,我们看到天空乌云密布、电闪雷鸣并有阵阵狂风,在这样的天气特征(F)下,我们推断下雨的概率比不下雨的概率大,也就是P(下雨)$>P$(不下雨),所以认为待会儿会下雨,这是从经验上对概率进行判断。气象局是通过多年长期积累的数据,经过计算,今天下雨的概率P(下雨)$=85\%$、P(不下雨)$=15\%$,同样的P(下雨)$>P$(不下雨),因此今天的天气预报肯定预报下雨,这是通过一定的方法计算概率从而对下雨事件进行判断。这都是通过概率来预测的。

　　朴素贝叶斯计算公式如下:

$$P(A \mid B) = \frac{P(B \mid A)P(A)}{P(B)}$$

其中:$P(A \mid B)$为后验概率,即事件B发生的前提下,事件A发生的概率;

　　$P(B \mid A)$为事件A发生的前提下,事件B发生的概率;

　　$P(A)$为先验概率,即事件A发生的概率;

　　$P(B)$为事件B发生的概率。

　　在任务场景6-1中,通过比较客户为流失客户的概率与非流失客户的概率的大小,判断客户的流失风险。朴素贝叶斯算法逻辑简单,且易于计算实现。但是我们假设的是特征之间相互独立,而这个假设在实际应用中往往是不成立的。比如年龄越大、学历越高,往往会伴随着收入越高。这就导致了在特征个数比较多或者特征之间相关性较强时,朴素贝叶斯分类效果不好。

四、KNN算法

　　KNN算法作为机器学习中最基础的算法,在简单分类问题上有其独特的优势,其理念类似于中国的成语"近朱者赤,近墨者黑",通过样本之间的距离来衡量样本之间的相似度。KNN 的原理就是,当预测一个新的值 x 的时候,根据与它距离最近的 K 个点中,多数点是属于什么类别来判断 x 属于哪个类别。对应到流失预警模型上,就是把客户的特征转化为向量,在多维坐标上,用坐标表示客户的位置,通过计算客户与客户之间的距离,判断距离该名客户最近的 K 个点中,多数点是属于流失还是非流失,来判断该名客户的类型。

KNN 算法中常用的距离有欧氏距离(Euclidean distance)、曼哈顿距离(Manhattan distance)、明氏距离(Minkowski distance)等,其中欧式距离最为常用,公式如下:

$$\mathrm{sim}\left(U_i, U_j\right) = \sqrt{\sum\left[\mathrm{profile}_n\left(U_i\right) - \mathrm{profile}_n\left(U_j\right)\right]^2}$$

【任务实施】

【任务场景 6-1】构建流失预警模型

对于银行、电商等发展相对成熟、市场相对饱和的行业而言,获取一个新客户的成本远远高于留住一个老客户,而且当客户已经离开,再让他回来就非常难了。所以企业希望在一个客户成为流失客户之前,就根据他的自身属性及行为等特征识别出客户的流失风险,及时采取措施进行客户挽留,这就是客户的流失预警。

新客期、成长期、成熟期的客户都有可能发生流失,为了防止客户流失,需要搭建流失预警模型,识别客户是否会流失、流失的概率有多大,以便营销人员分析潜在流失客户的流失原因,并及时采取措施挽留。流失预警模型属于分类分析,分类分析是通过分析历史数据找到事情发生的特征和规律,来预测未来的情况。流失预警模型同样如此,通过分析已流失客户的特征,来预测当前未流失客户流失的概率。

本实验基于模拟企业——智慧银行客户数据建立流失预警模型。

步骤一:业务目标。

本实验建立银行流失预警模型,分析以下特征与客户流失风险的关系,建模用到的客户数据有姓名、性别、年龄、身份证号、电话号码、教育程度、年收入、总资产、净资产、活期存款余额、是否有定期存款、信用卡余额、贷款余额、是否持有基金、近 7 天 AUM 下降比例、近 30 天 AUM 下降比例、近 60 天 AUM 下降比例。

流失预警模型是分类模型,所以需要先定义好流失用户的条件,对于银行来说,一般可以从时间周期、AUM 值(即资产管理规模,包括个人存款、个人贷款、投资的理财产品等)两个维度来定义银行流失客户特征。一般情况下,当期 AUM 值相比近三个月下降比例超过 70% 的客户,即可被定义为流失客户(见图 6-1)。

本实验我们将近 60 天 AUM 下降比例超过 70% 的客户定义为流失客户。

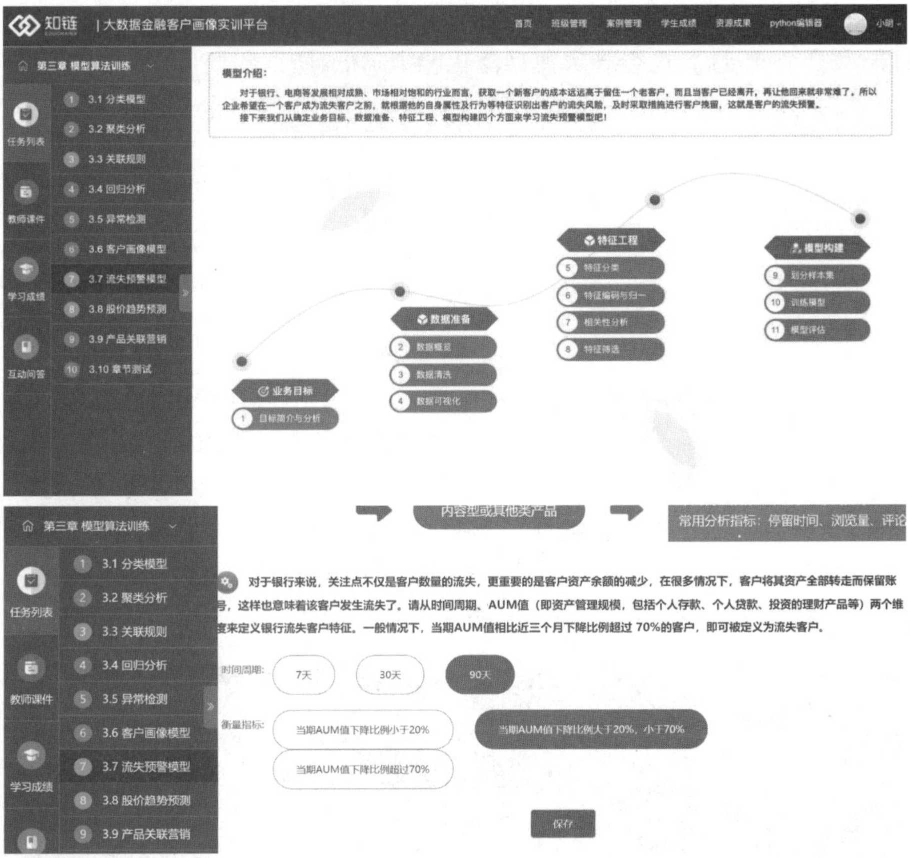

图 6-1　模型介绍

步骤二：数据准备。

将"智慧银行客户数据 .xlsx"文件读取到 Pandas 库中，通过 info( )函数对数据集中数据有个大致了解（见图 6-2）。

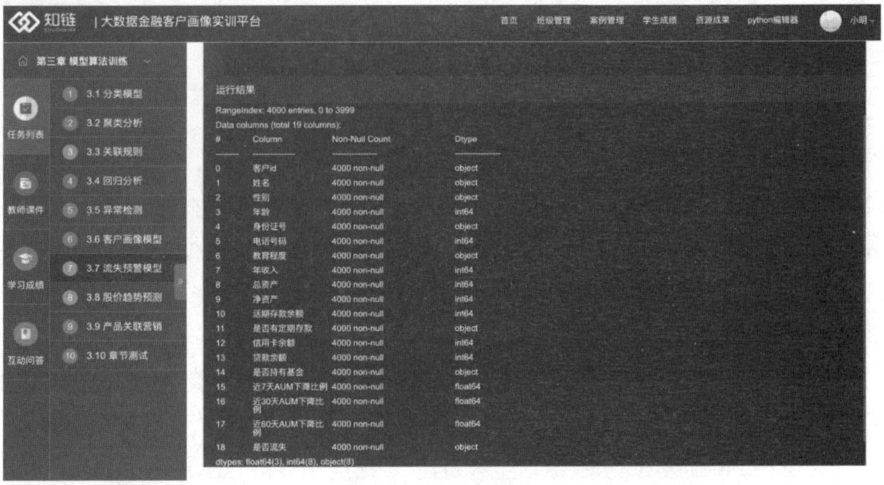

图 6-2　读取数据并查看摘要

从运行结果中可以看到数据集中有很多客户特征,如果全部输入模型,时间开销太大,而且模型复杂度过高,也会导致模型泛化能力降低,所以我们可以初步剔除不影响客户流失预警的特征,余下的特征就是模型中的自变量或预测变量。删除的特征如图 6-3 所示。

图 6-3　删除的特征

从运行结果可以看出,数据表中未发现缺失值,就无须进行缺失值处理。为了方便后续数据分析,还需要进行数据归一化处理,将"是否流失"列中的"是"用 1 代表,"否"用 0 代表。代码示例:

df[" 列名 "].replace(' 被替换数据 ',' 替换后的数据 ',inplace=True)

为了分析流失客户的特征,我们需要先看看数据集中流失客户和未流失客户的比例,我们可以通过制作饼状图对数据进行分析(见图 6-4)。

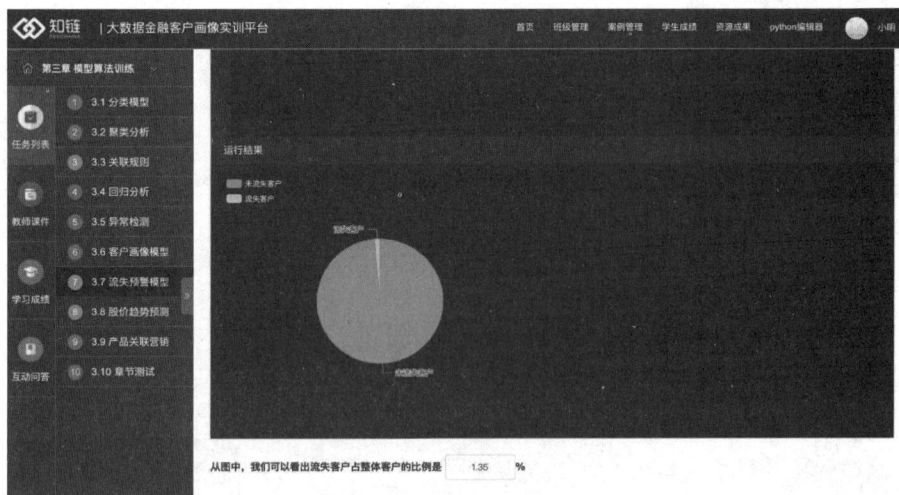

图 6-4　流失客户比例

步骤三:特征工程。

流失预警模型分析的就是对客户流失有影响的特征与目标特征"客户是否流失"之间的关系,所以可以通过 iloc[: , :] 函数,提取出数据集中的特征。提取出的特征有:性别、年龄、教育程度、年收入、总资产、净资产、活期存款余额、是否有定期存款、信用卡余额、贷款余额、是否持有基金、是否流失。

我们可以看到数据集中有数值型的客户特征(年收入等)、类别型的客户特征(性别等),在处理特征之前,我们先将数据集中的模型变量分为数值型变量和类别型变量。

数值型变量(numerical variables)也称为定量变量(quantitative variables),可以用连续值或离散值表示。数值型变量有年龄、年收入、总资产、净资产、活期存款余额、信用卡余额、贷款余额。

类别型变量(categorical variables)也称为定性变量(qualitative variables),通常用文本字符串或离散值表示。根据变量之间是否存在次序关系,又可以分为有序型定性变量(ordinal)和无序型定性变量(nominal)。类别型变量有性别、教育程度、是否有定期存款、是否持有基金、是否流失。

一般情况下,机器学习模型都是处理数值型的特征值,而数值型特征的数值范围大小又各不相同,为了消除各数值型特征的差异,还需要对特征进行以下处理:

(1)对数值型变量进行标准化处理,也就是变量归一化处理。

使数值型变量被限定在一定的范围内(比如[0,1]或者[-1,1]),使得预测结果不会被某些维度过大的特征值主导,从而消除奇异样本数据导致的不良影响。常见的数值型变量归一化处理方法有线性函数归一化和零均值归一化。

①线性函数归一化:对原始数据进行线性变换,使得结果映射到[0,1]范围内,实现对原始数据的等比缩放(见图6-5)。线性函数归一化公式如下:

$$X_{norm} = \frac{X - X_{min}}{X_{max} - X_{min}}$$

其中,X为原始数据,X_{max},X_{min}为数据最大值和最小值。

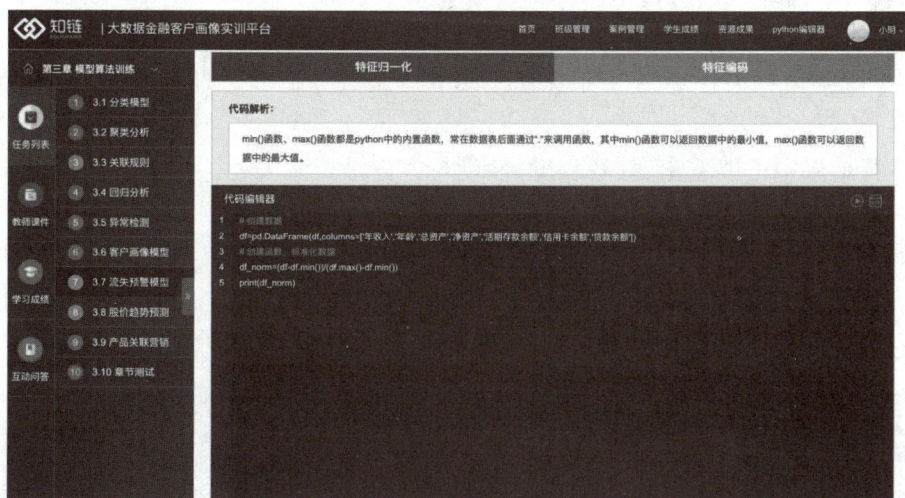

图6-5　特征归一化

②零均值归一化:将原始数据映射到均值为0、标准差为1的分布上。零均值归一化公式如下:

$$Z = \frac{X - \mu}{\sigma}$$

其中,μ为原始特征的均值,σ为标准差。

(2)将类别型变量转化为数值形式,这就用到了特征编码。

特征编码的方式有多种,其中独热编码处理后的值只有0和1,可以解决分类器不好处理属性数据的问题(见图6-6)。

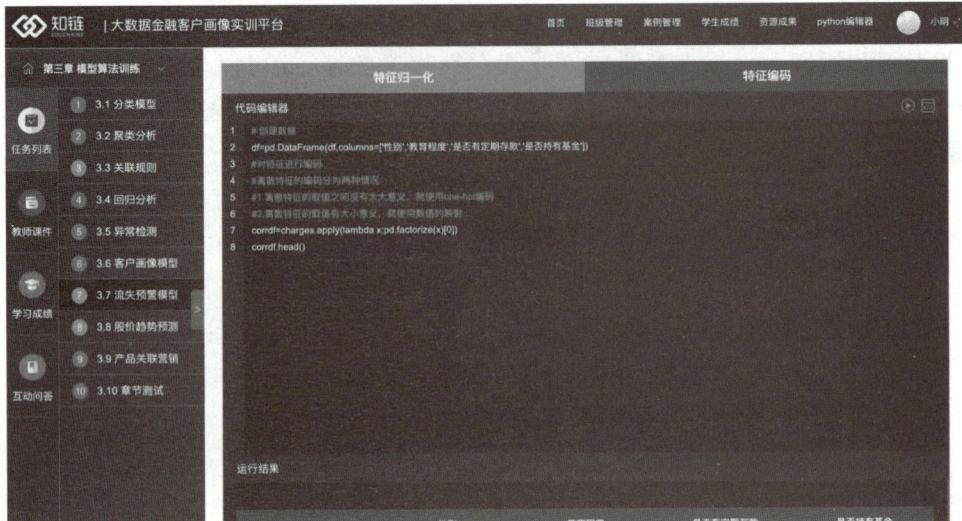

图 6-6 特征编码

特征之间如果存在精确相关关系或高度相关关系,会使模型估计失真或难以估计准确,所以还需要考虑特征间的相关性。特征相关性分析包括两两特征相关性分析、客户流失与各特征的相关性分析,这两种都可以利用皮尔森相关系数来衡量,系数的取值为[-1,1]。相关系数越接近 0,说明两特征线性相关性越弱;越接近 1 说明正相关性越强,越接近 -1 说明负相关性越强。可以通过 corr( )函数分析客户是否流失与各特征之间的相关性。

从运行结果中可以看出,教育程度、性别与客户是否流失相关性最弱,说明这这两个特征对客户流失预测影响非常小,可以直接舍弃。

我们还可以通过观察各特征与是否流失之间的分布来判断特征与客户是否流失的相关性。我们可以通过制作柱状图,分析各特征值与是否流失之间的关系,挑选出对客户流失有影响的特征(见图 6-7)。

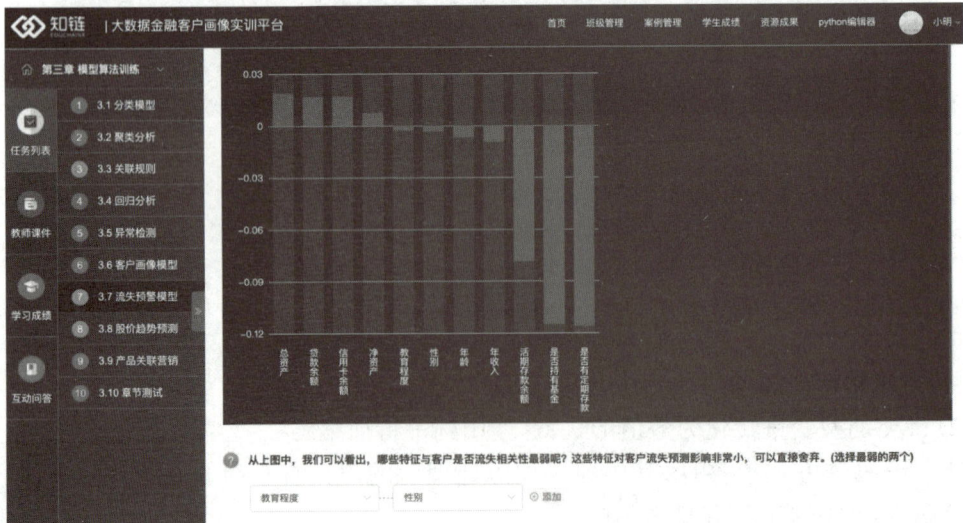

图 6-7 特征相关性分析

步骤四：模型构建。

本实验将数据集按训练集：测试集 = 7：3进行划分（见图6-8）。

图6-8　划分数据集

本实验通过朴素贝叶斯算法、KNN算法，对模型进行训练（见图6-9）。

图6-9　创建模型

训练集、测试集模型评估指标结果如图6-10所示。

	(KNN,)	(Naive Bayes,)
recall	1.000000	1.0
precision	0.500000	1.0
f1	0.666667	1.0

	(KNN,)	(Naive Bayes,)
recall	0.0	0.500000
precision	0.0	1.000000
f1	0.0	0.666667

图6-10　训练集、测试集模型评估指标结果

其中：recall 评估朴素贝叶斯、KNN 这两个模型的召回率；

precision 评估朴素贝叶斯、KNN 这两个模型的精确率；

f1 分数(f1-score)指标综合了 precision 与 recall 的产出结果。

由此，可以看出来朴素贝叶斯分类算法构建的模型效果更好。

最后我们就可以朴素贝叶斯分类算法构建的流失预警模型，对模拟企业——智慧银行的新客户进行预测，持续预测新客户是否会流失。

【素质拓展】

大数据时代对企业营销模式的影响

随着数字时代的崛起，数据对商业模式产生了巨大的影响，这个世界已经被数据所淹没，在现实中似乎善于使用数据使公司成长得更快，越来越多的企业意识到了数据对于企业的作用，尤其是对营销模式的影响，精准营销、私人定制等一系列新的营销模式都是建立在数据的基础之上的。

进入数据时代，营销人员的客户基础已经发展到了需要数据支持的地步，也就是说，需要通过数据分析来获得有益于客户体验的信息，客户期望获得与他们的需求相关的、精准的、有价值的信息。其次，人们对企业的要求不断地提高，特别是在享受了更精准的服务后。例如我们登录亚马逊的网站，每个用户会看到为他们定制的个性化的产品列表，那么他们就会对别的企业也有相同的要求，逐渐地形成了新的服务规范。一些建立在数据分析基础上的企业让数据推动了人们对个性化需求的体验，这就要求传统企业也需要提高企业营销对客户需求的精准分析。逐渐地，越来越多的企业都在寻求数据对于企业的帮助，帮助企业优化营销策略。例如通过分析用户的社交媒体活动，企业可以向用户推荐消费者感兴趣的产品或者服务；通过公开社交数据，企业可以有针对性地进行线上和线下的产品推荐活动；在了解用户消费趋向的同时，可在相应地区增加相关产品库存；通过社交媒体的监控能够针对用户需要的产品提前备货，等等。

在数据化的时代，企业可以实现真正意义上的消费者的个性化。以前的个性化一般是通过调查问卷的形式划分不同的群体，按照群体提供不同的产品或者服务，而现在的数据分析可以让企业做得更加精准，将人群不断地细分，一直细分到个体。在企业的数据库中，所有的用户都可以以标签的属性形式存在。数据已经成为企业开展营销活动的依据。

（资料来源：https://www.wenmi.com/article/pz5agb055f6f.html，有改动）

思考：为什么说数据分析是现代企业营销的支柱？

任务2　金融产品关联营销

【核心概念】

1.关联营销:通过分析客户的历史购买行为,寻找商品、品牌、品类等所要营销实物的关联性,在互利双赢的基础上,为业务实现深层次、多方位的引导,实现交叉营销。

2.支持度(support):两件商品同时在总销售笔数中出现的概率,即 A 与 B 同时被购买的概率。

3.置信度(confidence):购买 A 后再购买 B 的条件概率,简单来说就是交集部分 C 在 A 中的比例。如果比例大,说明购买 A 的客户很大期望会购买 B 商品。

4.提升度(lift):先购买 A 对购买 B 的概率的提升作用,用来判断规则是否有实际价值,即使用规则后商品在购物车中出现的次数是否高于商品单独出现在购物车中的次数。如果大于1,说明规则有效,小于1 则无效。

【学习目标】

1.能够说出 Apriori 算法的基本概念。
2.能够运用 Clementine 模拟工具进行关联规则分析。
3.能够对模型运行结果进行分析,进而判断产品之间的联系。

【基本知识】

一、Apriori 算法

Apriori 算法是一个经典的关联规则挖掘算法,是最常用的挖掘频繁项集的算法,其原理是通过限制候选项集,发现频繁项集,由频繁项集产生关联规则。

关联规则的基本概念包括:支持度(support)、置信度(confidence)与提升度(lift)。支持度是两件商品同时在总销售笔数中出现的概率,即 A 与 B 同时被购买的概率。置信度是购买 A 后再购买 B 的条件概率,简单来说就是交集部分 C 在 A 中的比例。如果比例大说明购买 A 的客户很大期望会购买 B 商品。提升度表示先购买 A 对购买 B 的概率的提升作用,用来判断规则是否有实际价值,即使用规则后商品在购物车中出现的次数是否高于商品单独出现在购物车中的次数,如果大于1说明规则有效,小于1 则无效。

Apriori 算法常被运用于商品的关联分析中,通过对顾客的购买记录数据库进行某种规则的挖掘,最终发现顾客群体的购买习惯的内在共性。如通过研究用户消费数据,将不同商品之间进行关联,并挖掘二者之间联系的分析方法,就叫作商品关联分析法,也叫作"购物篮分析"。

二、关联规则在保险产品营销中的应用案例

表 6-1 所示是保险产品的销售情况,其中值为 1 表示客户购买了该保险,值为 0 表示客户没有购买该保险。

表 6-1　保险产品的销售情况

交易编号	终身寿险	终身重疾	养老金	意外伤害	教育年金
1	1	1	0	0	0
2	0	0	1	0	0
3	0	0	0	1	1
4	1	1	1	0	0
5	0	1	0	0	0

事务指一名客户购买保险的交易记录,则此案例中事务总数是 5。

对于规则 { 终身寿险 } → { 终身重疾 },项集 { 终身寿险 , 终身重疾 } 是一个二项集,终身寿险、终身重疾都称为"项";支持度计数指项集发生的次数,则此项集支持度计数为 2;该规则的支持度为 0.4;置信度是 1;提升度为 2.40。所以,终身寿险对终身重疾具有正相关关系。

我们对此案例运用 Apriori 算法来找到哪些产品之间具有组合销售的可能性。给定最小支持度计数为 2,最小置信度为 70%,结果显示如图 6-11 所示。

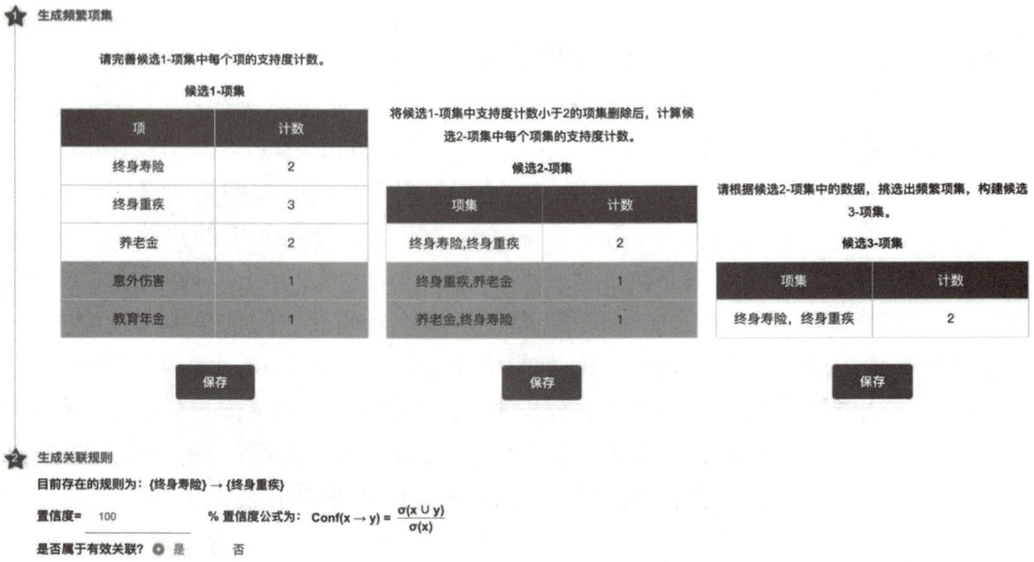

图 6-11　保险产品的关联规则

【任务实施】

【任务场景 6-2】保险产品的关联营销

随着保险业的不断发展,中国保险企业竞争力向上攀升。不断提升市场占有率、扩大客户群、提高客户质量,成为各家保险公司必争的首要方面。保险产品的关联营销是一种新的、低成本的、企业在网站上用于提高收入的营销方法。通过分析客户历史购买行为数据,可以发现两个方面的规律:

(1)哪些产品可以组合销售,如何促使客户二次购买。

在当前保险产品销售中,开拓一个新客户的成本远远比维护一名老客户的成本高,但是在对老客户进行二次销售时,不能盲目进行,可以根据产品之间的关联性,有针对性地进行销售,以提高销售的成功率。

(2)客户的特征与他们购买的产品之间的关联。

探寻客户的不同特征,例如性别、年龄、婚姻状况、职业等方面,对其购买产品的影响,最终发现具有哪些特征的客户倾向于购买哪些产品。这不论是对一次销售还是二次销售,都具有很好的指导意义。

本实验运用 Clementine 模拟工具分析保险产品之间的关联性,进而为保险产品销售策略提供决策支持(见图 6-12)。(注:Clementine 是 SPSS 公司的一个数据挖掘工具平台,结合商业技术可以快速建立预测性模型,进而应用到商业活动中,帮助人们改进决策过程。)

图 6-12　任务实施流程

步骤一:数据预处理。

为了便于后续数据挖掘和分析,需要将数据表中的文字处理为数字,其中 0 表示客户未购买该产品,1 表示客户购买了该产品,客户特征数据处理规则可以自定义,示例如图 6-13 所示。

客户特征		处理结果	客户特征		处理结果
性别	男	0	婚姻情况	未婚	0
	女	1		已婚	1
年龄	[0, 18]	1	职业	国家机关、党群组织、企业事业单位负责人	1
	[19,35]	2		专业技术人员	2
	[36,50]	3		办事人员和有关人员	3
	[51,70]	4		商业服务人员	4
	≥71	5		农、林、牧、渔、水利业生产人员	5

图 6-13　客户特征数据处理

步骤二:读取数据。

处理完数据后,就需要运用 Clementine 模拟工具进行关联分析了。Clementine 作为一个受欢迎的数据挖掘平台,充分利用了计算机系统的运算能力和图形展示能力,快速有效地实现大数据的决策树分类模型或者回归、关联规则挖掘、聚类等数据挖掘。操作使用 Clementine 的目的是建立数据流,即根据数据挖掘的实际需要选择节点,顺序连接节点建立数据流,不断修改和调整数据流中节点的参数,执行数据流,最终完成相应的数据挖掘任务。一般的操作步骤是导入数据集、数据集预处理、建模和评估模型。

首先我们需要将处理后的数据导入 Clementine 模拟工具中。双击"Var.file"(见图6-14),点击"应用"按钮,完成文件导入。

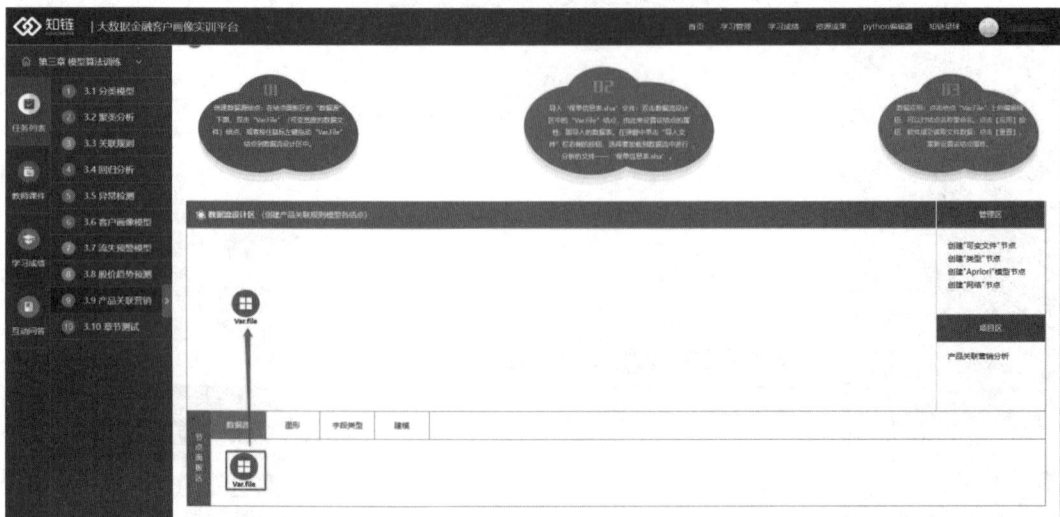

图 6-14　Var.file

步骤三:保险产品类型关联分析。

从数据源读取了"保单信息表 .xlsx"文件后,先来分析第一个目标——保险产品类型间的关联性。由于本次只是对保险产品类型进行分析,并不是对所有变量进行分析,所以需要对入模变量方向(输入 / 输出类型)进行设置,模型变量的方向分为:输入,输出,两者,无。

我们通过一个小例子来学习一下什么是前项、后项：

（1）如果我们想知道买了面包、牛奶（前项）的顾客，是否会购买苹果（后项），那就把面包、牛奶设置成"输入"，苹果设置成"输出"；

（2）如果不确定先决条件，就在面包、牛奶、苹果（既是前项，又是后项）三件商品中任意组合，找出其中的关联关系，那就把它们都设置成"两者"。

在本次产品类型间的关联性分析中，不确定先决条件，所以把需要分析的保险产品类型的变量方向设置为"两者"，把关于客户基本信息的变量设置为"无"。

将"节点面板区"中，字段类型下类型文件拖拽到"数据流设计区"中，然后用鼠标作出从 Var.file 到类型的连线。双击类型，在弹窗中设置数据表中变量的方向（见图 6-15）。

图 6-15　设置变量的方向

在"节点面板区"中，建模下双击 Apriori，然后在数据流设计区中用鼠标将类型与 Apriori 进行连接。双击 Apriori，在弹窗中设置最小支持度、最小置信度、最大前项数（见图 6-16）。其中最大前项数不能超过入模的变量数。

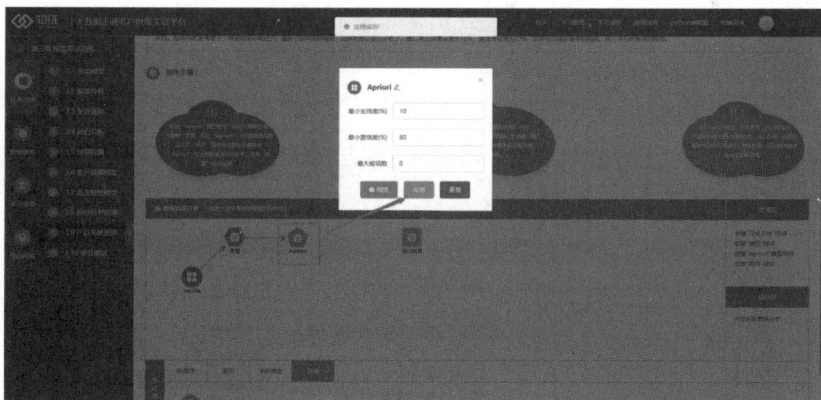

图 6-16　设置最小支持度、最小置信度

支持度、置信度有效性指标用于判断关联规则是否有效，系统默认的支持度是 10%，置信度是 80%。在 80% 的置信度下，得到的规则可能过少，甚至于没有得到规则，这样就难以进行分析了。建议将支持度设置为 10%、置信度设置为 10%，这样可以得到更多的规则，再从中分析有用的规则（见图 6-17）。

图 6-17　得到的规则

在数据流中创建完"Apriori"模型节点后,可以运用网络图对模型运行结果进行分析,网络图中线的粗细和深浅代表联系的强弱,可以非常直观地看到产品之间的联系。在"节点面板区"中,双击图形下"网络",用鼠标连接"类型"与"网络",双击"网络",可查看产品类型间关联分析的结果(见图 6-18)。

从输出结果中可以看到,重疾险与教育年金、意外险、医疗险的关联性比较强。

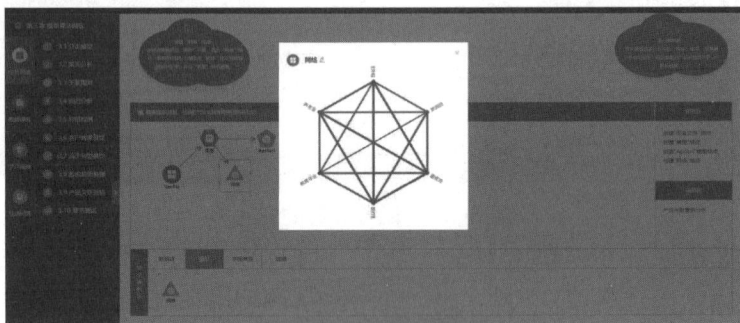

图 6-18　网络图

步骤四:保险产品和客户特征关联分析。

在"节点面板区"中,双击字段类型下"类型"文件,并在数据流设计区中将数据流文件与刚拖拽的类型文件作出连接线。双击类型,在弹窗中设置数据表中变量的方向。本次分析的是客户特征与保险产品的关联关系,所以客户特征为输入变量,保险产品为输出变量(见图 6-19)。

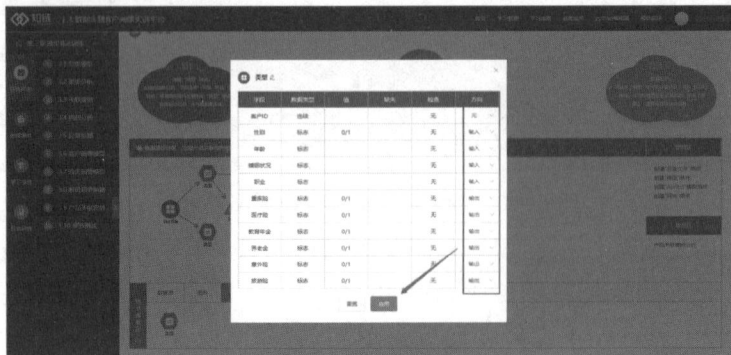

图 6-19　设置变量的方向

在"节点面板区"中,建模下双击 Apriori,然后在数据流设计区中用鼠标将类型与 Apriori 进行连接。双击 Apriori,在弹窗中设置最小支持度、最小置信度、最大前项数(见图 6-20)。其中最大前项数不能超过入模的变量数。点击预览,可以查看模型运行结果(见图 6-21)。

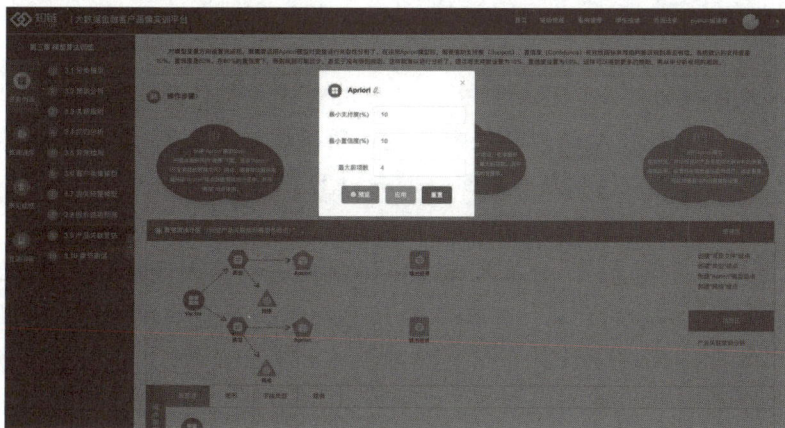

图 6-20　Apriori 设置

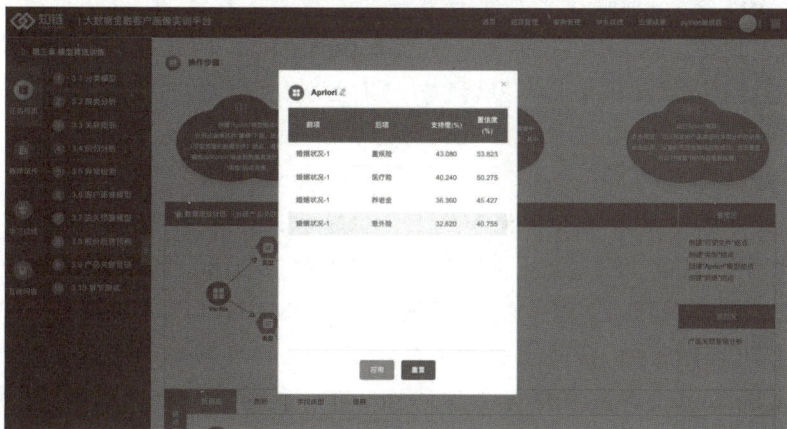

图 6-21　保险产品和客户特征关联分析结果

从运行结果中可以看到,已婚和重疾险、意外险、医疗险、养老金关联性较强,可以对已婚客户推荐其未购买的保险产品。

【素质拓展】

金融科技赋能中国保险业的机遇

随着大数据、云计算、人工智能时代的到来,金融科技已经成为保险业可持续、高质量发展的新动力引擎。近年来国家政策更是频出,推动金融科技在保险业的应用:中国银保监会《关于推动银行业和保险业高质量发展的指导意见》《关于推进财产保险业务线上化发展的指导意见》《推动财产保险业高质量发展三年行动方案(2020—2022年)》等政策的出台,不断提升财险公司的数字科技水平,提高数字化、线上化、智能化建设水平。

在政策端频频发力的同时,需求端也在向数字化转型。这些都倒逼保险行业必须转型。从需求端来看,数字时代客户的行为和消费习惯早已发生转变。网络的普及,特别是移动支付的普及,使得居民消费习惯已经从线下转向线上。线上生活已经成为居民消费中的首选。而小视频、网络直播的兴起,更是不断丰富网购业态,彻底挤压线下业态的生存空间。

科技创新为金融科技赋能保险业提供了应用支持。大数据、云计算、人工智能、物联网、区块链,五大核心科技为保险科技的落地运用提供底层支持。结合保险行业的落地场景,大数据、人工智能成为保险科技的主要驱动力。

保险科技不断发展,我们可以看到以下三大趋势。

第一,保险科技不断发展,科技基础设施不断完善。只有保险信息基础设施建设到位,才能够推动行业生态的升级。中国银保信息技术公司成立,承担起行业基础信息的建设工作。依托智能化综合性数字信息基础设施和安全可控、稳定可靠的安全体系,中国银保信息技术公司积极利用大数据、云计算、人工智能、区块链等现代信息技术,汇集行业内外海量信息,相继建成生产支撑类、业务登记类和主题应用类信息共享平台10余个,各类系统100余个,形成了大型生产系统的管理和支撑能力,以及大数据集中管理、统一应用、深入挖掘、价值转化等能力。这些基础信息系统的建设,为整个保险行业的数字化转型铺路建桥,在农村普惠金融、汽车产业生态、大健康产业、风险管控、金融合规、信息技术服务等领域,助力银行保险机构防范化解金融风险,赋能银行保险业数字化转型,推进社会治理现代化。

第二,保险产品与服务的数字化和线上化。随着云计算、大数据、人工智能、区块链、物联网等技术不断成熟,保险公司开始在大数据风控、反欺诈、精准营销和智能客服等方面发力,实现从获客到售后服务的全流程线上化。保险科技的运用可优化业务流程,提升工作效率。以理赔为例,传统理赔业务包括了大量的填表工作及相关资料的提交,多数时候这都是令人沮丧和丧失对保险信任的环节。随着数字化的推进,智能定损、极速理赔极大提升了车险服务的用户体验。其他方面,在保险产品设计环节,利用数据挖掘技术,辅助进行新保险产品消费场景、保障范围与形式、定价方式等的设定,强化对新产品的风险识别与管理的能力,满足客户个性化需求。在保险产品营销获客环节,运用大数据技术实现渠道的精准营销,迎合年轻群体的线上消费习惯。同时,线上互联网保险的兴起,也促使传统保险服务转向线上渠道,加剧行业竞争。在保险产品运营环节,通过智能双录、智能客服等的运用,获取用户的产品使用大数据,不断优化迭代保险产品,提升风险控制水平。另外在核保、承保、理赔等核心环节,通过数字化全流程操作,实现秒级响应,极速理赔,提高运营的效率和流程标准化水平,实现运营服务质的提升。

第三,数字化可以提质增效和防范化解金融风险。"保险姓保"的本质含义其实就是,保险业应服务于实体经济与社会的风险管理目标,资产业务也不应脱离保险特征而异化为纯粹的金融业务。保险科技服务这一要求,重点关注实体风险,降低用于解决风险相关信息不对称问题的成本。针对客户需求的分析分类,使得个性化的产品定制成为可能,对信用数据的全面使用极大地开拓了普惠金融市场。对数据的深度挖掘将提高保险产品的智能化程度,对风险的精准度量有效提升了保险产品创新成功的概率与效率。在监管科技的运用上,数字化的不断提升,也可以有效降低行业系统性金融风险的发生概率。

（资料来源：https://baijiahao.baidu.com/s?id=1750796591626514272&wfr=spider&for=pc,有改动）

思考:金融科技为中国保险业的发展带来了哪些机遇?

项目小结

项目六介绍了数据化金融营销实践中的两个重要的模型:流失预警模型和金融产品关联营销。在流失预警模型部分,我们学习了分类分析的基本原理,并探讨了两种常用的分类算法——朴素贝叶斯和KNN。通过任务场景实训,我们了解了如何利用这些算法来构建流失预警模型,从而帮助金融机构识别潜在的客户流失风险。在金融产品关联营销部分,我们学习了关联规则挖掘中的Apriori算法,并通过实际案例了解了其在保险产品营销中的应用。这一部分内容让我们了解了如何通过挖掘客户购买行为的关联规律,为金融机构提供针对性的产品推荐策略。

思考题

1. 什么是流失预警模型? 它在金融营销中的作用是什么?
2. 朴素贝叶斯算法是如何工作的? 请简要描述其基本原理。
3. KNN算法的全称是什么? 它是如何进行分类的?
4. 什么是关联规则挖掘? 它在金融产品营销中的应用有哪些优势?
5. Apriori算法是如何发现频繁项集和关联规则的? 简要描述其基本原理。

项目七
金融量化投资实训

任务 1　量化交易介绍

【核心概念】

1. 量化交易：利用数学模型、统计分析以及计算机编程等技术，通过对市场数据的系统性分析和量化处理，以科学、规律性的方式进行交易，从而实现投资策略的执行和风险控制。

2. 风险管理：量化交易中的风险管理是一套系统化的方法，旨在识别、测量和控制交易策略所面临的各种风险，以确保在不确定市场环境下保持稳健的投资表现，这包括通过设置止损、规模化交易、多样化投资组合等策略，以最小化损失并保护投资者的资本。

3. 止盈：指在资产价格达到预期盈利目标时，采取行动以锁定利润或部分利润，避免价格反转导致利润减少或亏损。

4. 止损：指设定一个预先确定的价格水平，在资产价格下跌到该水平时自动执行卖出操作，以限制损失并保护投资者不受更大亏损。

【学习目标】

1. 能够说出量化交易的基本概念及特点。
2. 能够阐述量化交易与主观交易的区别。
3. 能够列举出量化交易的主要风险。

【基本知识】

一、什么是量化交易

量化交易是一种利用计算机程序和数学模型来执行金融交易的策略。它通过系统性地分析历史数据，利用统计学和数学方法，以及运用程序化算法，从而实现在金融市场中进行高效、精确的交易。

量化交易的基本原理是通过对市场的历史数据进行深入剖析，找出其中的规律和趋势，从而构建出一套科学的投资体系。这个体系包括了交易的入场时机、交易品种的选择、交易头寸的控制等方面的规则。这些规则会以算法的形式编码在计算机程序中，通过实时监测市场情况，自动执行交易策略。

量化交易在金融市场中的应用广泛而深远。它涵盖了股票、期货、外汇等多个领域，适用于不同的交易品种和市场情景。许多大型金融机构、基金管理公司以及个人投资者都积极采用量化交易策略，以提升交易效率和收益水平。

二、量化交易的特点

量化交易具有以下几个显著的特点,如图 7-1 所示。

图 7-1 量化交易的特点

1. 纪律性

量化交易的一个重要特点是它的纪律性,它不受情绪、主观判断的影响,完全依赖于事先设定好的规则和算法。这使得交易过程更加稳定和可控,减少了投资者因情绪波动而做出的不理性决策。

2. 科学性

量化交易通过深入剖析历史数据,利用统计学、数学等方法,找出市场的规律和趋势,构建科学的投资体系。它依赖于大量的数据分析和模型建立,使得交易决策更具客观性和科学性。此外,量化交易还能够实现对交易策略的严格回测和优化。通过历史数据的模拟测试,可以评估一个策略在不同市场环境下的表现,从而进行必要的调整和优化,提升策略的稳健性和盈利能力。

3. 高效性

量化交易依赖于先进的计算机技术和软件平台,能够实现大规模数据的实时处理和分析。这使得投资者能够及时获取市场信息,做出及时的交易决策。另外,量化交易策略以程序化算法的形式编码在计算机程序中,能够实时监测市场情况并自动执行交易指令。这使得交易能够以高效、精确的方式进行,避免了人为延误和错误。

4. 安全性

量化交易十分重视风险控制和资金管理,通过设定合适的止损、止盈等规则,保护投资者的资金安全,降低交易风险。

三、量化交易与主观交易的区别

量化交易与主观交易主要有以下几方面的区别。

1. 交易决策方式

量化交易:基于事先设定好的规则和算法进行交易决策,完全不受主观情绪的干扰,交易的执行完全依赖于计算机程序。

主观交易:交易决策受到个体主观判断、情绪和经验的影响,容易受到主观情绪的干扰。

2. 交易依据

量化交易:依赖于历史数据、技术指标和数学模型等量化分析方法,通过统计学和数学等方法得出交易信号。

主观交易：依赖于个体主观判断、分析和经验，交易决策较为主观，容易受到情感和心态的影响。

3. 纪律性

量化交易：具有高度的纪律性，完全按照预先设定好的交易策略和规则执行，不会受情绪左右。

主观交易：缺乏相对应的纪律性，容易受到个体情绪和主观判断的影响，决策可能较为随意。

4. 风险控制和资金管理

量化交易：非常注重风险控制和资金管理，通过设定止损、止盈等规则保护投资者的资金安全，降低交易风险。

主观交易：风险控制和资金管理可能相对不够系统和明确，容易因主观判断而产生较大风险。

5. 回测和优化

量化交易：可以通过历史数据进行严格的回测和优化，评估交易策略在不同市场环境下的表现，从而提升策略的稳健性和盈利能力。

主观交易：很难对主观判断进行科学的回测和评估，交易策略的有效性和稳健性难以量化评估。

虽然量化交易有较多的优势，但不能简单地认为量化交易比主观交易更好。成功的主观交易者实质上也可被看作是一个量化交易者，因其必然拥有一套行之有效的规则和方法，即自身的交易系统。主观交易的成功建立在明确的交易规则之上，这即是主观交易中的量化要素。相较之下，量化交易往往根源于对市场的深刻理解和认知，这也是成功的主观交易者的先决条件，因为量化交易策略实质上是主观交易方法的具体实现。若交易者的市场理念从一开始就偏离了正确方向，则无论采取何种交易方式，都难以取得长期稳健的盈利。

从追求长期稳健盈利的视角看，最终决定交易者成功与否的关键在于其交易理念，而非主观交易或量化交易的选择。主观交易和量化交易犹如一个事物的两个面，既对立又统一。然而作为交易工具，量化交易具有更高的纪律性、系统性和科学性，相对于主观交易，也具备了更强的稳健性和可控性。

四、量化交易的风险

量化交易虽然具有许多优势，但也存在一些风险和挑战。

1. 过度优化风险

过度优化是指在历史数据上进行反复测试和调整，使得交易策略在历史数据上表现良好，但在未来市场中的表现可能不尽如人意，这会导致过拟合问题，使得策略在实际交易中失效。

2. 黑天鹅事件风险

量化模型通常基于历史数据和统计学原理构建，无法完全预测未来可能发生的突发事件，如自然灾害、政治事件等，这些突发事件可能会使市场产生剧烈波动，使得量化策略失效。

3. 数据质量问题

量化交易对数据的质量和准确性要求很高，如果使用的数据存在错误或缺失，可能会导致交易决策出现偏差，从而影响策略的表现。

4. 执行风险

在实际交易中，执行交易可能会受到市场流动性、交易成本等因素的影响，如果无法在预期价格和时机下单，可能会导致策略的收益偏离预期。

5. 市场变化风险

市场情况可能会发生变化，之前有效的交易策略在新的市场环境下可能失效，因此，交易者需要不断监测市场动态并及时调整策略。

6. 技术风险

量化交易涉及大量的技术和软件应用，系统出现故障或错误可能会导致交易失败或损失。

综合来说，量化交易需要综合考虑风险并制定有效的风险管理策略，交易者应该谨慎选择和测试交易策略，随时做好应对风险的准备。

【素质拓展】

量化巨头遭处罚

2023年8月31日，上海证监局披露了3份罚单，剑指M投资公司及其员工的违规行为。

相关公开信息显示，M投资公司在开展私募基金业务过程中，在监督管控员工不当行为、及时督促员工规范整改等方面，未实施有效内部控制，未尽谨慎勤勉义务，违反了《私募投资基金监督管理暂行办法》（证监会令第105号）第四条第一款的规定，因此上海证监局决定对M投资公司采取责令改正的监管措施。

另外，涉事员工作为私募基金从业人员，在从事私募基金业务过程中存在通过微信公众号向不特定对象宣传推介私募基金产品的行为，上海证监局决定对其采取出具警示函的监督管理措施，并要求其认真学习相关法律法规，强化守法合规意识，遵守法律、行政法规，恪守职业道德和行为。

在多位业内人士看来，管理规模居前的头部私募遭处罚，给很多管理人敲响了警钟。伴随着私募行业不断发展，合规早已成为私募的"生命线"。

业内专家认为，行业若要健康可持续发展，首先，需坚持以投资者为中心的发展理念,努力解决"基金赚钱,基民不赚钱"的问题。作为专业的机构投资者,私募机构应该尝试在销售基金时逆周期而行,避免投资人高位入场。同时,私募机构还应该做好风险提示,坚守绝对收益理念,从而为投资人提供更好的持有体验,实现可持续发展。

其次,私募要加强文化建设。具体来看,在投资文化方面,私募要强调价值投资、长期投资,而非通过短期主题投资、内幕交易来获取收益;在合规文化方面,私募管理人应严守合规底线,以大型资产管理机构的合规水平来要求自己;在竞争文化方面,私募管理人不能通过贬低同行来进行竞争,而是要以专业能力进行公平竞争。

业内专家表示,私募在管理规模较小时往往采用作坊模式,分工相对模糊,在产品募集、运营、投后管理、投资者适当性管理等方面重视度较低。在行业逐步走向规范发展的当下,私募亟须提升合规运营水平,头部私募应加强合规、交易、服务等各个环节的体系化建设,以提升公司机构化、专业化程度。

(资料来源:http://k.sina.com.cn/article_1905628462_7195952e01901hxqz.html,有改动)

思考:作为一名金融从业人员,如何做到合法合规执业?

任务2 量化交易策略

【核心概念】

1. 回测:是指利用历史市场数据来评估特定交易策略的表现,以便验证其盈利潜力和风险水平,从而优化和改进投资决策。

2. 最大回撤:是指在某一段时间内,投资组合或资产净值从最高点下降到最低点的最大幅度,用来衡量投资策略或资产的风险水平。

3. 均线:是通过计算一段时间内某个指标(如股价、成交量等)的平均值,然后以连续的线条将这些平均值连接起来,用以反映指标变化趋势的技术分析工具。

【学习目标】

1. 能够说出常见的量化交易策略。

2. 能够描述量化交易的流程。

3. 能够运用 Python 设计量化交易均线策略。

【基本知识】

量化交易策略是一系列规则的集合,它涵盖了诸多方面,包括买入规则、卖出规则、资金管理以及风险控制等重要因素。基于这些设定的规则,量化交易策略能够在特定的市场条件下做出精确的交易决策,而不受到人为情绪和主观判断的干扰。

一、几种常见的量化交易策略

这些策略根据其逻辑和目标的不同,大致可以归类为趋势跟踪策略和均值回归策略两大类。趋势跟踪策略涵盖了多种具体策略,如均线策略、突破策略以及波段策略等,它们旨在从市场趋势的角度来进行交易。均值回归策略也包含了多个具体策略,如套利策略、阿尔法策略以及网格策略等,它们侧重于利用资产价格的回归性质来进行交易决策,如图 7-2 所示。

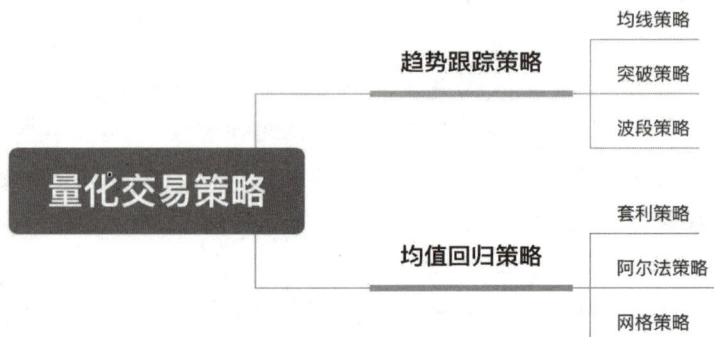

图 7-2　量化交易常见策略

1. 均线策略

均线策略是量化交易中常用的一种技术分析方法,它通过对股票、期货或其他资产价格走势的历史数据进行统计和分析,确定未来交易的方向。具体来说,均线策略通过计算一定周期内的价格平均值,形成一条平滑的曲线,该曲线即为均线。一般常用的均线包括 5 日均线、10 日均线、20 日均线等,不同周期的均线反映了不同时间段内的价格走势。

均线策略通常包括两条均线,一条是短期均线,另一条是长期均线。当短期均线穿越长期均线向上时,被称为"金叉",这可能被视为一个买入信号;相反,当短期均线穿越长期均线向下时,被称为"死叉",可能被视为一个卖出信号。

这种策略的原理在于,当短期均线超过长期均线,反映了近期价格的上涨趋势,预示着未来价格可能会上涨,因此选择买入。相反,当短期均线低于长期均线,反映了近期价格的下跌趋势,预示着未来价格可能会下跌,因此选择卖出。

2. 突破策略

突破策略是量化交易中一种基于价格走势的技术分析方法。它通过观察历史价格数据,寻找关键的支撑和阻力水平,并设定突破条件,当价格突破这些水平时,触发相应的买入或卖出信号。突破策略的优势在于可以捕捉市场的趋势,但在市场震荡时可能产生误交易。成功应用突破策略需要综合考虑市场特性、品种特点和风险管理措施,同时,可以与其他技术分析方法结合使用,以提升交易效果。

3. 波段策略

波段策略是量化交易中一种短期交易策略,它利用市场的短期价格波动来获取利润。波段交易者通常将持仓时间控制在较短的时间段内,可能是几小时甚至几分钟。他们会寻找市场中的短期高低点,以在价格波动中获得利润。波段策略需要紧密关注市场走势,并对交易位置进行灵活调整以应对变化。

4. 套利策略

套利策略是量化交易中一种通过同时买入和卖出相关资产以从价格差异中获取利润的策略。套利策略基于市场中的相对定价不准确性,利用这些不准确性进行交易。例如,统计套利策略会利用同一资产在不同市场之间的价格差异进行交易,从而获得风险较低的利润。套利策略通常需要高度自动化和实时监测,以确保在价格变动发生时能够及时采取行动。

5. 阿尔法策略

阿尔法策略是指利用量化模型和数据分析,寻找到市场中的价格或者行为的不足之处,从而获取超额收益的交易策略。阿尔法策略的核心在于发现市场中的非理性定价或者隐藏的价值,然后通过相应的交易策略进行操作,以实现盈利。这类策略通常基于对市场行为、经济数据等方面的深入研究和分析,以期发现投资机会。

6. 网格策略

网格策略的基本思想是在一定价位区间内预先设定一系列买入和卖出点,当资产价格在这个区间内波动时,按照预设的规则执行交易。网格策略通过分散成交点,平均成本和利润,从而降低市场波动对交易结果的影响。

二、量化交易的流程

量化交易的流程包括以下几个主要步骤,如图 7-3 所示。

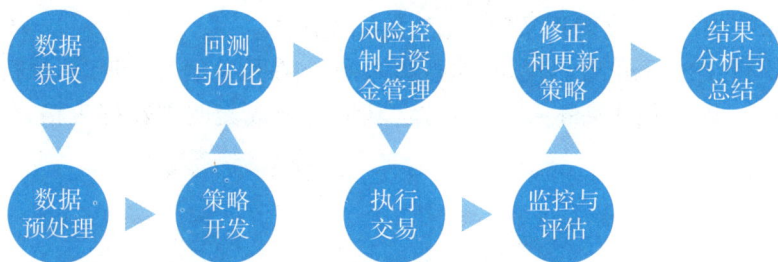

图 7-3　量化交易的流程

数据获取:首先需要获取市场相关的历史和实时数据,包括股票、期货、外汇等资产的价格、成交量等信息。

数据处理与清洗:对获取到的数据进行处理和清洗,包括去除异常值、填充缺失值、调整数据格式等,以保证数据的准确性和可用性。

策略开发:根据量化交易者的投资理念和交易目标,设计和开发具体的交易策略。策略开发可以基于技术指标、统计模型、机器学习等方法,也可以基于各种交易信号的组合。

回测与优化:使用历史数据对开发的交易策略进行回测,评估其在历史市场环境下的表现。通过回测可以发现策略的强弱之处,进行必要的调整和优化。

风险控制与资金管理:建立风险控制和资金管理机制,确定交易的止损点、止盈点等规则,保护投资者的资金安全。

执行交易:根据策略生成的交易信号,执行实际的买入、卖出操作。可以通过自动化交易平台或者手动执行来完成。

监控与评估:实时监控交易策略的执行情况,随时做出必要的调整。同时,定期对策略进行评估,检查其是否符合预期目标。

修正和更新策略:根据市场变化和策略表现,不断修正更新交易策略,保持其适应性和有效性。

结果分析与总结:对交易策略的实际表现进行分析和总结,评估策略的盈利能力、稳定性等指标,为后续策略的优化提供参考。

这些步骤构成了量化交易的基本流程,通过科学系统的方法进行策略设计、回测和执行,可以提升交易的效率和准确性,降低风险,从而实现稳健的投资收益。

【任务实施】

【任务场景 7-1】白糖期货量化交易程序设计

小陈是一名量化交易员,运用均线策略设计白糖期货量化交易程序,基于短期均线和长期均线的交叉信号进行交易决策。小陈已经了解到短期均线(3 天)和长期均线(10天)的交叉信号在该期货交易中具有一定的参考意义,基于均线策略运用 Python 设计一个白糖期货量化交易程序。

任务步骤:

(1)数据获取和准备:获取所选白糖期货的历史价格数据,包括日期和收盘价。

(2)策略设计:设置短窗口(3 天)和长窗口(10 天)。

(3)确定交易信号:当短期均线上穿长期均线时,形成金叉信号,产生买入信号;当短期均线下穿长期均线时,形成死叉信号,产生卖出信号。

(4)交易执行:在金叉信号出现时,执行买入操作;在死叉信号出现时,执行卖出操作。

调用 Pandas 库,用 pd.read_excel( )方法获取历史成交明细数据表格,代码如图 7-4所示。

```python
import pandas as pd
#读取Excel文件并加载数据
td=pd.read_excel('transaction details.xlsx')
#打印结果
print(td)
```

图 7-4 读取 Excel 文件

通过读取历史价格数据表"transaction details.xlsx",获取到了"白糖主力连续"2023年 1 月 3 日至 2023 年 8 月 3 日的历史价格数据及成交量,运行结果如图 7-5 所示。

```
        date  open  high   low  close  volume
0    2023/01/03  5756  5813  5750   5784  176651
1    2023/01/04  5768  5770  5687   5698  286096
2    2023/01/05  5710  5711  5652   5674  229883
3    2023/01/06  5675  5681  5654   5654  169876
4    2023/01/09  5655  5677  5645   5667  167099
..          ...   ...   ...   ...    ...     ...
137  2023/07/28  6814  6841  6786   6807  242759
138  2023/07/31  6780  6814  6690   6714  355283
139  2023/08/01  6730  6777  6711   6739  191884
140  2023/08/02  6632  6675  6615   6665  310760
141  2023/08/03  6665  6686  6642   6655   66492

[142 rows x 6 columns]
```

图 7-5 获取数据

设置短窗口(3 天)和长窗口(10 天),分别计算出短期移动平均价格和长期移动平均价格,并将计算结果添加到"transaction details.xlsx"表格中,代码及运行结果如图 7-6 所示。

```
#将'date'列转换为日期时间格式
td['date'] = pd.to_datetime(td['date'])
#将日期列设置为索引
td.set_index('date', inplace=True)
#定义短窗口和长窗口
short_window = 3
long_window = 10
#计算短期移动平均
td['Short_MA'] = td['close'].rolling(window=short_window).mean()
#计算长期移动平均
td['Long_MA'] =td['close'].rolling(window=long_window).mean()
#打印结果
print(td)
```

```
            open  high   low  close  volume      Short_MA     Long_MA
date
2023-01-03  5756  5813  5750   5784  176651           NaN         NaN
2023-01-04  5768  5770  5687   5698  286096           NaN         NaN
2023-01-05  5710  5711  5652   5674  229883   5718.666667         NaN
2023-01-06  5675  5681  5654   5667  169876   5679.666667         NaN
2023-01-09  5655  5677  5645   5667  167099   5669.333333         NaN
...          ...   ...   ...    ...     ...           ...         ...
2023-07-28  6814  6841  6786   6807  242759   6835.333333      6843.2
2023-07-31  6780  6814  6690   6714  355283   6782.666667      6826.4
2023-08-01  6730  6777  6711   6739  191884   6753.333333      6812.8
2023-08-02  6632  6675  6615   6665  310760   6706.000000      6791.6
2023-08-03  6665  6686  6642   6655   66492   6686.333333      6771.5

[142 rows x 7 columns]
```

图 7-6　设置短窗口和长窗口

根据均线交易策略,当短期均值大于长期均值时,产生买入信号;当短期均值小于长期均值时,产生卖出信号。按照交易策略执行后,计算每日收益情况,代码及运行结果如图 7-7 所示。

```
td['Signal'] = 0
# 生成买入信号
td['Signal'][td['Short_MA'] > td['Long_MA']] = 1
# 生成卖出信号
td['Signal'][td['Short_MA'] < td['Long_MA']] = -1
# 获取买入信号的日期
buy_dates = td[td['Signal'] == 1].index
# 获取卖出信号的日期
sell_dates = td[td['Signal'] == -1].index
# 计算每日收益
td['Daily_Return'] = td['close'].pct_change() * td['Signal'].shift(1)
# 输出交易结果
print(td[['close','Signal','Daily_Return']])
```

```
            close  Signal  Daily_Return
date
2023-01-03   5784       0           NaN
2023-01-04   5698       0     -0.000000
2023-01-05   5674       0     -0.000000
2023-01-06   5667       0     -0.000000
2023-01-09   5667       0      0.000000
...           ...     ...           ...
2023-07-28   6807      -1      0.002930
2023-07-31   6714      -1      0.013662
2023-08-01   6739      -1     -0.003724
2023-08-02   6665      -1      0.010981
2023-08-03   6655      -1      0.001500

[142 rows x 3 columns]
```

图 7-7　计算每日收益情况

【任务场景 7-2】白糖期货量化交易回测程序设计

作为一名量化交易员,小陈已经运用了均线策略设计出了量化交易程序,现在需要运用历史数据对该策略进行回测,以便对该策略进行评估。

任务步骤:

(1)定义回测策略函数。

(2)读取历史交易数据。

(3)定义短窗口和长窗口,分别设置为 3 天和 10 天。

(4)运行策略回测。

(5)计算最大回撤。

回测代码如图 7-8 所示。

```python
import pandas as pd
#定义回测策略函数, 参数为交易数据、短期窗口和长期窗口
def backtest_strategy(td, short_window, long_window):
    #将日期列转换为日期时间格式
    td['date'] = pd.to_datetime(td['date'])
    #将日期列设为索引
    td.set_index('date', inplace=True)
    #计算短期移动平均
    td['Short_MA'] = td['close'].rolling(window=short_window).mean()
    #计算长期移动平均
    td['Long_MA'] = td['close'].rolling(window=long_window).mean()
    #初始化交易信号列
    td['Signal'] = 0
    #生成买入信号
    td['Signal'][td['Short_MA'] > td['Long_MA']] = 1
    #生成卖出信号
    td['Signal'][td['Short_MA'] < td['Long_MA']] = -1
    #获取买入信号的日期
    buy_dates = td[td['Signal'] == 1].index
    #获取卖出信号的日期
    sell_dates = td[td['Signal'] == -1].index
    #计算每日收益
    td['Daily_Return'] = td['close'].pct_change() * td['Signal'].shift(1)
    return td
# 读取Excel文件并加载数据
td = pd.read_excel('transaction details.xlsx')
# 定义短窗口和长窗口
short_window = 3
long_window = 10
# 运行策略回测
backtested_data = backtest_strategy(td.copy(), short_window, long_window)
# 计算累计收益
backtested_data['Cumulative_Returns'] = (1 + backtested_data['Daily_Return']).cumprod()
# 打印回测数据
print(backtested_data[['close', 'Signal', 'Daily_Return', 'Cumulative_Returns']])
```

图 7-8　回测代码

运行策略回测后,计算出每日收益及累计收益,显示结果如图 7-9 所示。

```
            close  Signal  Daily_Return  Cumulative_Returns
date
2023-01-03   5784       0           NaN                 NaN
2023-01-04   5698       0     -0.000000            1.000000
2023-01-05   5674       0     -0.000000            1.000000
2023-01-06   5667       0     -0.000000            1.000000
2023-01-09   5667       0      0.000000            1.000000
...           ...     ...           ...                 ...
2023-07-28   6807      -1      0.002930            1.129645
2023-07-31   6714      -1      0.013662            1.145078
2023-08-01   6739      -1     -0.003724            1.140815
2023-08-02   6665      -1      0.010981            1.153342
2023-08-03   6655      -1      0.001500            1.155072

[142 rows x 4 columns]
```

图 7-9　回测代码运行结果

　　根据提供的数据,策略在回测期间内取得了正收益,然而这只是单次的回测结果,为了确保策略的稳定性和鲁棒性,可使用不同时间段的历史数据进行回测,以模拟未来可能遇到的更多的市场情况。此外,这只是回测结果,在实际应用中,需要考虑交易成本、滑点、持仓时间等其他因素。为了对策略进行更深入的分析,可以进一步评估该策略的最大回撤、夏普比率等指标。

　　最大回撤是量化交易中非常重要的一个评估指标,它可以用来衡量一个交易策略在历史数据中的最大损失幅度,从而评估策略的风险水平和稳定性。通过图 7-10 所示的代码计算该策略的最大回撤,结果如图 7-11 所示。

```python
# 定义最大回撤函数, 参数为累计收益
def calculate_max_drawdown(cumulative_returns):
    # 计算前峰值
    previous_peaks = cumulative_returns.cummax()
    # 计算回撤幅度
    drawdowns = (cumulative_returns - previous_peaks) / previous_peaks
    # 计算最大回撤
    max_drawdown = drawdowns.min()
    return max_drawdown
# 计算最大回撤
max_drawdown = calculate_max_drawdown(backtested_data['Cumulative_Returns'])
# 打印最大回撤
print(f"Maximum Drawdown: {max_drawdown}")
```

图 7-10　计算最大回撤代码

```
Maximum Drawdown: -0.0902579221658667
```

图 7-11　最大回撤计算结果

　　结果显示,最大的回撤约为 -9.03%,这意味着策略可能会面临相当大的风险。一个策略的最大回撤的绝对值越大,策略的风险越高;反之,策略的风险越低,策略在不同市场环境下可能会表现得更为稳定。

【素质拓展】

广西罗城白糖"保险＋期货"扶贫试点案例

　　党的二十大报告提出,完善农业支持保护制度,健全农村金融服务体系。作为金融支持农业农村的重要创新,"保险＋期货"这一业务模式已连续试点多年。

　　农产品"保险＋期货"作为对农民进行价格风险管理的模式创新,从 2016 年起连续多年被写入中央一号文件。该模式弥补了传统期货公司和保险公司各自为战的不足,利用保险业务协同优势,将期货公司对冲价格波动风险的专业能力与保险公司丰富的保险产品研发经验和保险客户基础优势相结合,实现了期货公司与保险公司的优势互补,为服务农村经济、保障农民收入、助力脱贫攻坚开辟了新的途径。

　　白糖是国家重要战略物资。广西是全国糖业重点产区,也是广西蔗农的主要经济来源,提高蔗农种植积极性,保障蔗农和糖企收入成为当地政府面临的重大难题。罗城仫佬族自治县(简称"罗城县"),隶属于广西壮族自治区河池市,曾是国家级贫困县,也是我国唯一的仫佬族自治县。2018 年全县共有 40 个贫困村,12390 户贫困农户,贫困人口

43481人。甘蔗是当地主要经济作物,也是该县的支柱产业,白糖价格波动直接影响蔗农收入和当地的脱贫攻坚工作。郑州商品交易所自2016年起开展"保险＋期货"服务"三农"试点工作,前期小规模试点项目取得了良好成效和成功经验。在此基础上,郑商所于2018年首次推出白糖"保险＋期货"县域全覆盖试点项目,落地在广西罗城,试点涉及全县11个乡镇,承保甘蔗种植面积131527.9亩,对应白糖现货量60002.88吨。该项目为当地蔗农提供了有效的价格避险途径,为保障贫困蔗农的种植收益和促进当地甘蔗产业持续稳定健康发展提供了最直接、最有效的风险管理工具。

（资料来源：https://baijiahao.baidu.com/s?id=1688328666924035018&wfr=spider&for=pc,有改动）

思考:金融行业在支持乡村振兴方面有哪些具体举措?

项目小结

项目七介绍了金融量化投资的基本概念、特点以及常见的量化交易策略,我们学习了量化交易的定义,明确了其与主观交易的区别,并了解了量化交易的风险;同时,我们还学习了趋势跟踪策略和均值回归策略等常见的量化交易策略,并了解了量化交易的基本流程。在任务场景实训中,实践了白糖期货的量化交易程序设计和回测程序设计,进一步将理论知识与实际操作相结合,提升学习者的实际应用能力。

思考题

1. 量化交易中的风险主要来源于哪些方面?
2. 什么是均值回归策略?请简要阐述其背后的思想。
3. 量化交易的基本流程包括哪些关键步骤?
4. 请用简洁的语言解释白糖期货量化交易程序的设计流程,解释白糖期货量化交易回测程序设计的目的和意义。

参考文献

[1] （英）维克托·迈尔－舍恩伯格,肯尼思·库克耶.大数据时代［M］.盛杨燕,周涛,译.杭州:浙江人民出版社,2013.

[2] 胡凯博,史超.商品期货量化交易实战(以 Python 为工具)［M］.北京:电子工业出版社,2022.

[3] 何国杰.金融大数据处理(初级)［M］.广州:中山大学出版社,2021.

[4] 商熠农.Excel 在统计分析中的应用［M］.北京:机械工业出版社,2010.

[5] 黄恒秋,张良均,谭立云,等.Python 金融数据分析与挖掘实战［M］.北京:人民邮电出版社,2020.

[6] 曹鉴华,赵奇.数据荒岛求生——从 Excel 数据分析到 Python 数据分析［M］.北京:中国水利水电出版社,2021.

[7] 元如林,李广明,关莉莉,罗远,等.金融数据分析技术(基于 Excel 和 Matlab)［M］.北京:清华大学出版社,2016.

[8] 中国期货业协会.期货及衍生品分析与应用［M］.4 版.北京:中国财政经济出版社,2021.

[9] 王征,李晓波.Python 量化炒期货入门与实战技巧［M］.北京:中国铁道出版社,2020.

[10] 贵州省大数据发展促进会,贵阳智能大数据战略研究院.国家大数据政策文件汇编(2022 年)［EB/OL］.https://mp.weixin.qq.com/s/GVYf10eu4dxe3liOJCI7NQ,2023-03-09.

[11] 小圆.基于 Python 制作一个汇率换算程序［EB/OL］.AB 教程网, https://www.ab62.cn/article/27756.html,2022-11-12.

[12] 基于 Python 爬取搜狐证券股票过程解析［EB/OL］.CSDN, https://blog.csdn.net/weixin_39895977/article/details/110787842,2020-12-06.